Amor a primera sonrisa
Volumen 2
Libros IV, V y VI
Inspiraciones de versos

Dougglas Hurtado Carmona

Amor a primera sonrisa
Volumen 2
Libros IV, V y VI
Inspiraciones de versos

Amor a primera sonrisa. Volumen 2. Libros IV, V y VI. Inspiraciones de versos.
Dougglas Hurtado Carmona.
© 2019, Copyright
ISBN (Print): 978-0-244-18867-2
ISBN (Ebook): 978-0-244-78867-4

Contacto:
dougglash@yahoo.com.mx
dougglas@gmail.com

Portada: Adaptada por Yoveris Solano Arrieta de The Horseshoe Falls at the Mt Field National Park, Tasmania, Australia. Contenido: #171365800 © Autor: MrForever.. Fotolia.com

Ninguna parte de esta publicación, incluido su diseño de portadas e ilustraciones, puede ser reproducida, almacenada o transmitida de manera alguna ni por ningún medio de cualquier especie sin permiso previo del editor.

Contenido

Prefacio 11
Introducción 15
Amor a primera sonrisa 41
Centuria XI 47
    Sentimientos lindos 49
    Versos de la Centuria 51
    Montones de amor 77
Centuria XII 79
    Mi razón de vivir 81
    Versos de la Centuria 83
    Viviendo en tu amor 109
Centuria XIII 111
    Disfrutarse mutuamente 113
    Versos de la Centuria 115
    Amor de ganas 141
Centuria XIV 143
    Me haces falta mi amor 145
    Versos de la Centuria 147
    Contenta a tu lado 173
Centuria XV 175
    Trasformando mi vida 177
    Versos de la Centuria 179
    Siento felicidad 205
Centuria XVI 207
    Bonitas cosas 209
    Versos de la Centuria 211
    Lo mejor de cada uno 237
Centuria XVII 239
    Me fascinas 241
    Versos de la Centuria 243
    El amor en mi vida 269

Centuria XVIII 273
- Gratitud de amor 275
- Versos de la Centuria 279
- Haciéndote feliz 305

Centuria XIX 307
- Corazones alegres 309
- Versos de la Centuria 311
- Maravillosa la mañana 337

Centuria XX 339
- Primavera de amor 341
- Versos de la Centuria 343
- Pensamientos de amor 369

Prefacio

El Volumen 2 de Amor a Primera Sonrisa, trasmite, en forma contundente. precisa y clara, los sentimientos que originan la felicidad para despertar alegre y convertirse en la miel de la vida, una vida maravillosa llena de colores.

Las palabras escritas representan grata inspiración que constituye el cambio de vida al existir el amor entre Miyaled y Morr, donde los deseo de tenerse, amarse cada día más, disfrutar de los besos y los abrazos, son el ingrediente esencial para sentirse vivo al amarse de esa manara.

Este volumen contiene las centurias del segundo grupo de mil y un versos, que denotan la alegría de la buena vida al amarse, convirtiéndose en la luz buscando la compañía mutua, expresando las bonitas cosas para sentirse pleno y feliz.

Asimismo, está orientado a demostrar que el Amor a Primera Sonrisa entre Miyaled y Morr es un montón de sentimientos incontrolables de amor que hacen cada mañana la más maravillosa.

Los versos de las Centurias *XI, XII y XIII* cuentan los detalles de una no esperada felicidad, del pensarse mucho y amarse sin medida. De considerarse haber nacido para amarse y expresar un amor que les hace sentirse genial, especial y buscar la compañía para vivir en plenitud.

En la lectura, se podrá vislumbrar los lindos sentimientos que hacen más vivencial el amor entre Morr y Miyaled, con las ganas y las expresiones por montones, con las miradas y los besos, con las palabras y el entendimiento.

Las Centurias *XIV, XV y XVI* explican en parte las razones porqué se aman Morr y Miyaled. Siendo este amor el mayor trasformador de sus vidas, que les lleva a expresar lo mejor de cada uno, teniendo como base que la compañía, el respeto y las expresiones de amor.

La perspectiva que se centra en mostrar lo hermoso que se sienten, Morr y Miyaled, al darse todo ese amor, que los lleva a llenar el corazón de cosas bonitas, del agradecimiento a Dios por permitir esta relación de un amor bonito que pretende hacerse felices mutuamente, desde las expresiones que dan la felicidad que generan una tranquilidad y paz. Todo esto se descubre en las cuatro últimas centurias, *XVI, XVIII, XIX y XX.*

Introducción

Miyaled sabía que iban a salir a bailar, pero no tenía idea de la sorpresa que le esperaba. Se hacia la desentendida, pero sabía que algo tramaba el amor de su vida. Él lo había planificado todo, llevaba varios días aguantándose para no decirle nada.

Ya eran las 6:38 p.m. de aquel sábado 6. Morr estaba muy ansioso, había esperado mucho tiempo y no sabía cómo decirle que se apurara. Caminaba nervioso en la sala de un lado para el otro, mientras ella acaba de vertiese en el cuarto. Ella se había puesto la blusa a rayas blancas y negra que él le había regalado para lucirle muy bella al fin.

Morr ya le había comentado a Miyaled que harían algo especial antes de ir a bailar. Por no le había dado más detalles. Y ella no había preguntado mucho. Ya la noche había caído, cuando tomándola de la mano le dijo que primero irían a un parque y que regresarían pronto. Miyaled anunció que regresaba enseguida cuando cerraba la reja de la puerta.

Caminaron tomados de la mano hasta un parque que estaba a unas dos cuadras, haciendo una zeta imperfecta desde donde vivía ella. En ese trayecto, ella no sabía que había planeado Morr, pensaba que le iba a dar un detalle, pero no se imaginaba cual era la sorpresa.

Al final, llegaron al parque, que estaba regular de gente y rodearon parte del mismo para buscar donde sentarse. Eligieron uno de los puestos largos, hechos de concreto, que servían de graderías de la cancha multifuncional del parque. Allí se sentaron en el extremo izquierdo diagonal a un mojado de agua lluvia de regular tamaño.

Morr saca de su bolcillo izquierdo una pequeña caja, muy románticamente decorada, que contenía los anillos de compromiso. Él abrió la caja con dulzura, pero con rapidez, dejando ver los hermosos anillos que contenía. Ella no lo puede creer, había incitado a Morr a pedirle en compromiso y demostrarle que ese amor estaba muy firme y que quería compartir el resto de sus días con ella.

Morr le preguntó a Miyaled si quería recibir los anillos como símbolo de su compromiso de amor. Ella, fascinada y con asombro, contestó un rotundo sí. Él tomo su mano y se lo colocó diciendo: "… te entrego este anillo como símbolo de mi compromiso de amor por ti, porque contigo lo quiero todo". Miyaled, con la emoción en el rostro, no dudó en decir si, en forma contundente y llena de amor.

Miyaled entendió por las señas que le hacía Morr que tomara el anillo y se lo pusiera a él. Un poco con nervios, tomó la mano de su amor y colocando el anillo le dijo: "Recibe este anillo como símbolo de mi amor, porque tú me haces feliz, muy feliz, eres un hombre maravilloso y quiero compartir mi vida contigo".

Fue en ese momento en que se dieron un beso y se abrazaron. Miyaled no podía aguantar la emoción y miraba con mucho sentimiento el símbolo de su amor con Morr. El abrazo fue largo y lleno de sentimiento, no podía ser de otra manera. Estaban muy felices. Si antes de llegar al parque estaban bien, ahora, estaban muy bien.

Los sentimientos que afloraron a partir de ese momento fueron los más hermosos para la pareja. Ella le preguntó que cual eran sus intenciones, respondiendo él, contundentemente, de establecer en forma correcta una vida de pareja juntos en la intención de casarse. A lo cual ella respondió estar de acuerdo y que se debía caminar hacia allá con dedicación y esfuerzo para lograr ese objetivo.

Miyaled no pudo contener las lágrimas de felicidad,

al ver el gesto tan hermoso de Morr al pedirle en compromiso. Ella lloraba de sentimiento de felicidad. No se lo creían. Miraba los anillos con la ternura más dulce que puede haber.

Finalmente, juntos en un abrazo le agradecieron a Dios, con palabras tiernas, por haberlos cruzado en sus caminos, haber permitido amarse y permitirles estar juntos en el futuro.

***

Morr sabía que era el tiempo, que ya estaba bueno, era la hora de demostrarle a Miyaled sus intenciones de comprometerse muy seriamente con ella. La amaba profundamente, no tenía duda, y quería que ella lo supiera, también demostrarle que estaba muy firme con ella y que quería seguir hasta más allá del infinito con ella.

Lo tenía muy en mente, la manera en cómo le pediría el compromiso formal. Quería ser muy tradicional y sorprenderla, porque a ella le gustan las sorpresas. La primera idea que vino a su mente, era la perfecta, era cierto, muy perfecta, y al final lo fue.

Buscó los anillos más bellos que le pareció. y a penas que los vio, supo que eran esos. Fue una impresión y elección a primera vista. Sólo necesitaba saber cuál era la medida exacta o tralla de ella para poder comprarlos.

Una noche de un miércoles, mientras la visitaba, Morr tomó una cinta métrica, y sin decirle nada midió la circunferencia de su dedo para medir su talla. Hizo la operación tres veces. Miyaled al ver la insistencia le dijo: "mi amor… yo soy talla cinco". El trabajo estaba hecho, ya tenía la información.

Morr encargó los anillos con las tallas correspondientes que pronto llegarían. En el lapso de la llegada de los anillos, Morr consultó a un experto sobre la manera en que debía hacer entrega de tan preciado símbolo, lo que le recomendaron fue que sería muy lleno de sentimientos de amor darlo en un lugar al aire libre donde haya gente alrededor para recibir en esa entrega la bendición de Dios. Sin dudarlo, Morr quiso que fuera así.

***

Con las emociones hasta el cielo, Miyaled y Morr regresaron a la casa. Estaban felices. No se cambiaban por nadie. Ya se sentían, y tenían que estarlo, muy comprometidos el uno con el otro. Así lo reflejaban los anillos que acaban de entregarse en un parque cercano al aire libre para que todo el mundo sintiera y supiera de su amor.

Más que una salida a bailar, se había convertido en una celebración de compromiso, que los hizo salir con la alegría a flor de piel hacia un lugar de música y de diversión.

La música estaba muy buena cuando llegaron al lugar, estaban muy entusiasmados. Se habían tomado un par te fotos en el taxi que los llevó. Ella estaba sorprendida aún, estaba asombrada por lo que había pasado. Miraba su mano, y estaba feliz por tener el símbolo del compromiso con Morr.

Se le dificultaban las palabras. Aparentemente no tenía emociones, pero su corazón era un torrente de sentimientos, que le habían hecho llorar de alegría, veinte minutos antes. Se divirtieron toda la noche, se tomaron fotografías juntos y celebraron el compromiso.

***

Morr la había invitado a almorzar. Ella tenía sus dudas, pero al fin decidió ir. Era un viernes y se encontraron en el restaurante típico de comida de mar, se ubicaron en el segundo piso.

El ambiente estaba bien, con un volumen de música que se podía dialogar. Miraron la carta del menú y al fin se decidieron por una mojarra sudada ambos.

Había química, física, matemáticas,... y demás cosas entre ellos. Se miraban mucho, y sus corazones latían con fuerza. Hablaban alegremente y con mucha atención. Miyaled aprovechó que el pedido se demoraría un poco para dirigirse al baño, ella se demoró un poco.

Ni Miyaled ni Morr, sabían lo que ocurriría ese día, al compartir ese almuerzo: ¡el corazón mandaba! Como si estuviera predestinado, Morr ya estaba enamorado de ella, y no se pudo contener, ese octavo día del noveno mes: de la forma más bella, hermosa y espontánea, Morr le pidió a Miyaled que fuera su amor... Ella sin pensarlo, solo respondiendo con el corazón, le dijo que sí de inmediato.

***

Ya había pasado el primer aniversario entre Morr y Miyaled, cuando ella, en el octavo día del décimo primer mes, se quedó quieta con los ojos cerrados y pudo viajar en el tiempo, hacia atrás.

Se había situado en el corredor que daba del baño del segundo piso del restaurante de mar donde frecuentaba con Morr a comer. Allí mismo donde, él le había pedido que fuera su amor.

Eran las 12:41 p.m., cuando ve abrir la puerta de salón del segundo piso y logra verse a sí misma, varios meses más joven, digiriéndose directamente hacia ella, allí recuerda esa escena. Las dos Miyaled se encuentran de frente y se miran fijamente, juntas entran al baño.

Miyaled mayor le dice a su versión menor:

–Presta atención a lo que te voy a decir: Te van a hacer una propuesta, dentro de un rato…. No dudes en aceptarla. Porque vas hacer feliz y no te arrepentirás.

–¿Por qué me dices todo esto? Pregunta Miyaled versión menor.

–Te voy a mostrar dos cosas. La primera, mira mi mano y ve los anillos, pronto los recibirás. Segunda, ten esta carta que he escrito, mira la letra, es nuestra letra y lee lo que dice.

Miyaled versión menor, con una sonrisa y muy nerviosa por lo que ha escuchado, sobre todo, de verse diferente, más bonita, más saludable, más alegre, con mayor confianza y sobre todo feliz; recibe la carta de amor decorada escrita con su letra, y en su respaldo tiene un corazón con una flecha y dentro las palabras "te amo", y debajo las siguientes frases:

> *"Si tuviera que elegir alguien para compartir te volvería a elegir a ti, porque no tengo nada que pensar porque eres vida el hombre que amo"*

La carta, que la versión menor lee, con un montón de corazones por doquier, tiene escrito:

> *"Mi amor ya nuestro amor tiene catorce meses, felices en una vida, compartiendo enamorada cada día más de ti, sintiendo este latir en mi corazón que está loco por ti.*
>
> *No te imaginas la hermosa felicidad que siento al tenerte junto a mí, este amor así será por siempre, nunca dejaré de amarte, de sentir esto tan bonito y hermoso que siento por ti.*
>
> *Eres el amor de mi vida, el hombre que ha trasformado mi vida y la he llenado de momentos maravillosos, de muchas alegrías, de un inmenso amor; quiero estar siempre junto a ti, quiero seguir compartiendo mi vida a tu lado, porque los dos nos merecemos ser felices y si Diosito quiso que nos encontráramos en el camino es para que estuviéramos juntos y no nos separáramos.*
>
> *Morr gracias por este tiempo, por todo ese amor, por darme tanta felicidad. Te amo inmensamente.*
>
> *Te amo Morr...*
>
> *Amo tus locuras...*
>
> *Amo a cada cosa tuya, te amo como eres...*
>
> *Te amo a ti completo."*

Las dos Miyaled se despiden con un abrazo y un "todo estará bien... ve". La una desaparece y la otra se dirige a la mesa donde la espera Morr, con la más bella de las sonrisas.

***

Miyaled se estaba demorando mucho en el baño. Afuera, el mariachi contratado, esperaba incognito a que ella estuviera lista para poder iniciar. En ese son, estaba Morr, impaciente y mirando el reloj a cada rato para ver si lo apresuraba para poder iniciar la celebración del aniversario.

Ella sabía que había sorpresas, y estaba tranquila tomándose el baño correspondiente, después de haberse desocupado tarde. Sabía que había una cena de celebración, nada más.

Morr llegaría alrededor de la una de la tarde, en eso habían quedado. Pero ella se tomaba su tiempo. Ya eran casi las dos de la tarde, y nada que Miyaled, no estaba lista. Se hacían señas para ver "cómo iba la cosa" pero todo estaba muy demorado.

Entre tanto, el mariachi afinaba sus canciones y le daban último detalle a una canción que creo Morr para Miyaled. Había paciencia entre los integrantes del mariachi, pero los vecinos ya estaban impacientes querían que ya sonara la música, están comentando de todo un poco, qué cual era el mejor sitio para ver y escuchar las canciones, que la serenata también era para los vecinos. Hasta en la tienda cercana ya mencionaban la tardanza de Miyaled.

El mariachi trajo un ramo de rosas en arreglo muy lindo y espectacular que Morr lo coloco en la mesa del comedor para que cuando ella saliera del cuarto enseguida lo viera.

Eran pasadas las dos de la tarde cuando el mariachi se encaminó hacia la residencia. Dentro del cuarto aún, Miyaled sintió un susto al escuchar el sonido de los instrumentos que cruzaba el silencio que se había apoderado del barrio. Salió nerviosa del cuarto ya vestida. Se encontró con Morr, que la esperaba en la sala, y lo primero que miró fue el ramo de rosas, para instintivamente darle un beso al amor de su vida.

Fueron seis canciones la que tocó el mariachi como serenata de primer aniversario para Morr y Miyaled. Ella, siempre nerviosa, no contenía la emoción, no soltaba a Morr por ningún motivo, lo abrazaba continuamente, estaba siempre besándolo y sonriente y feliz. Todo fue grabado por celular. Los vecinos también disfrutaron de los cantos amorosos y llenos de sentimiento que interpretaron.

El broche de oro de la serenata fue la interpretación de la canción que era de ellos:

Regalarte mi vida
en un abrazo muy dulce
que la pasión me produce
de la mano llevarte

Quisiera darte un besito y regalarte otro más
quisiera besar tu boca la mujer linda verdad
quisiera entrega el alma y el corazón de entregué
quisiera besar esa boca la mujer linda verdad

Al infinito muy juntos
y muchos besos muy tiernos
para que se sepa que adentro
del corazón tú habitas

Quisiera darte un besito y regalarte otro más
quisiera besar tu boca la mujer linda verdad
quisiera entrega el alma y el corazón de entregué
quisiera besar esa boca la mujer linda verdad

Alumbra toda mi vida
mujer bella y hermosa
para sin medida amarte
en mi pensamiento tú estás

Quisiera darte un besito y regalarte otro más
quisiera besar tu boca la mujer linda verdad
quisiera entrega el alma y el corazón de entregué
quisiera besar esa boca la mujer linda verdad

***

Morr quería sorprender a Miyaled el día de su primer aniversario. Tenía en mente hacer varias cosas y darle varios detalles. Estuvo cotizando en varias floristerías ramos de rosas. Al final se decidió por uno y pidió los datos para realizar el pedido, pero, no estaba tan convencido.

Procedió entonces llamar a la manager de un mariachi que le había tocado canciones anteriormente para Miyaled. Pidió rebaja, mirando las diferentes opciones, mientras hablaba con la manager, argumentando que iba hacer varios gastos, fue entonces, cuando la manager del mariachi le comentó que ellos también hacían arreglos y que podría hacerle un descuento especial.

Morr no solo tuvo el descuento especial por el ramo de rosas decorado y la serenata, sino que también le hicieron un arreglo floral de las rosas muy especial y muy bonito.

Salió premiado, se dijo, pero, fue mucho más cuando Miyaled, al salir del cuarto vestida, aceleró su corazón a mil y un por hora al ver el detalle tan hermoso colocado en la mesa del comedor.

***

Parte de la tarde, después de la serenata, el día de su primer aniversario estuvieron realizando algunas tareas cotidianas, antes de salir para el hotel que los esperaba.

Se dispusieron a salir, equipando solamente lo necesario, porque de allí, iban para otro lugar. Al llegar, le dispusieron los aposentos matrimoniales acordes con la celebración. Morr y Miyaled se expresaron su amor plenamente. Quedaron satisfechos.

***

Faltaba un poco más de un cuarto de hora para las ocho de la noche cuando Morr y Miyaled llegaron al restaurante para disfrutar de su cena de primer aniversario.

Morr había separado la mesa días antes. Eligió la que se encontraba una esquina muy típica colonial y muy discreta, con la tonalidad del romanticismo. Sencillamente era espectacular. Desde la entrada se venía sencillamente hermosa la mesa reservada.

La mesa separada tenía un mantel rojo vivo, también adornada con un plato con un mensaje alusivo a su celebración con sus nombres, una tarjeta especial, y se complementó la decoración con una foto de ellos en una pose muy amorosa colocada en un portarretrato con la palabra "Love" que Miyaled le regaló a Morr por motivo del aniversario.

Como entrada, recibieron un coctel con algo de alcohol, el cual disfrutaron entre muchas sonrisas, junto con la renovación de compromiso expedida y solicitada por Morr, y otra vez aceptada con el corazón por Miyaled.

El plato principal consistía en tres tipos de carne un puré de papas, una torreja de pan con especias y una ensalada mixta. Este plato fue servido, a petición de los celebrantes, a las nueve y media de la noche.

En el restaurante había música en vivo, mariachi y música con equipo de sonido. Que Miyaled y Morr disfrutaron todas, bailaron mucho. También, el cantante del sitio les dedicó una canción por el hecho de estar de aniversario.

Al final del día, ya rayando el nuevo, Miyaled expresó: "…quisiera volver a vivir este día, no solo recordarlo"

***

Miyaled emocionada todavía con la interpretación del mariachi, le entregó una bolsa de regalo a Morr. En ella contenía, por un lado, un portarretrato con la palabra "Love" que albergaba la fotografía de los dos muy enamorados; por otro, un librito con muchos mensajes de amor por parte de ella hacia él.

Por su lado, Morr entre otros detalles le había regalado como presente del primer aniversario una recopilación escrita de pensamientos de amor diarios.

***

Era la madrugada del día del primer aniversario,

Miyaled, emocionada, le dá un video a Morr, como primer presente del motivo de la celebración. Era un video muy hermoso, lleno de sentimientos mostrados desde la escenografía de fotos de los dos, con una bella canción que ella le había dedicado.

Una y otra vez, Morr disfruta del video de menos de tres minutos; no puede contener la emoción, al ver que cada detalle, cada foto, fue escogida muy apropiadamente, y se mezcla de manera perfecta con la canción. Representa la evocación a estar juntos, desde la perspectiva de la conspiración de Dios para que se juntaran, con su bendición, a la hora, el lugar y el sentimiento para empezar a ser fecales, al fin.

***

Había llegado el tiempo de las merecidas vacaciones. Tanto Miyaled como Morr las esperaban, querían disfrutarlas, era su oportunidad. Quería pasar tiempo juntos y disfrutar haciendo cosas diferentes.

Los primeros días aprovecharon para levantarse tarde, aunque no descuidaron la limpieza de la casa. Las mañanas se hacían silenciosas, sólo se abría la puerta de la calle después de las diez de la mañana. Y eso, porque tocaba sacar la ropa, para que se asoleara, la que se había lavado el día anterior.

En la tarde, pasados las cuatro de la tarde, se sentaron en la terraza a disfrutar, juiciosos en las mecedoras, de un buen "tinto". A cada sorbo del café, comentaban temas de interés mutuo, apareciendo las expresiones de amor, materializadas en tomarse de la mano y mirarse con profundo amor. Se pasaba un rato muy rico allí sentados, deleitándose de la bebida caliente, mientras, las expresiones de amor eran protagonistas, y una brisa suave que les acariciaba el rostro.

Ya entrada la noche, tomados de la mano en la sala veían una película. Escena que se ha repetido muchas veces en todo este lapso de amor entre ellos, pero ahora, al pasar el tiempo, Miyaled se queda dormida a veces, y al despertar hacia la misma pregunta de manera soñolienta: "… '¿me dormí?"; a lo que Morr le contestaba que "si" con la más tiernas de las sonrisas. Al final le contaba lo que había pasado en la película, y al cabo rato, la posibilidad que Miyaled se quedara nuevamente dormida, era bastante.

El siguiente día, amaneció un poco apresurado para ellos, habían dormido más de la cuenta y tenían que prepararse porque llegaban los sobrinos, menores de quince años, del pueblo a visitarlo. Ellos, los hijos de la hermana, y se quería atender de manera especial.

Los muchachos llegaron un poco tímidos, pero fueron cordiales. Ellos tenían un poco más de confianza con la tía, pero al rato ya estaban conversando y jugando con todos, mientras comian una merienda, muy merecida.

Ya entrada la tarde, estaban listos, los dos hermanos y la niña, esperando a Miyaled que se demoraba un poquito en ponerse lista. Al fin pararon el taxi en la calle y se dirigieron a un restaurante. Subieron al segundo piso y se ubicaron en una mesa de seis puestos para estar cómodos. Se tomaron algunas fotografías para recordar en imágenes el momento, algunas serias y otras un poco divertidas.

Al rato, ya disfrutaban de una buena sopa de pescado, los adultos como entrada, mientras que los niños devoraban el menú infantil. Eso sí, no podía faltar el jugo de corozo que todos tomaron con muchas ganas.

Miyaled y Morr quedaron sin poder comer más, al acabar la mojarra lora que pidieron. Realmente estaban repletos, lo que motivó a que se diera el momento para más fotos, varia de ellas juntos, como la pareja feliz que son.

Ya reposados de la cena, se dirigieron a un centro comercial al otro lado de la ciudad. La toma de fotos que empezó en el restaurante, se hizo más espontánea y cualquier motivo era válido para tomarse una. En el árbol de navidad del centro comercial, en las escaleras de espejos, justos todos, los niños nada más, en fin.

Luego, los muchachos se divirtieron en dos escenarios distintos; primero en una zona de juegos para niños, donde había toda clase de juegos para saltar bailar, brincar, trepar y todo los que les gusta a los niños a esa edad. Y el segundo, fue en unas máquinas o sillas con gafas de visión 3D. En estos dos escenarios se tomaron cantidad de fotos y videos de las "hazañas" de los niños.

Miyaled y Morr estaban en la zona de padres, arriba y cerca de ellos vigilándolos y tomando videos y fotos. Allí la pareja de enamorados tuvo tiempo para sentarse en el suelo y estar muy junticos, conversando y mirando a los niños. Se veían felices, y mucho.

Al día siguiente, junto con los niños salieron a ver un pesebre en tamaño natural en un centro comercial cerca de donde vivían. Llegaron al lugar a las siete y media de la noche, ya los sobrinos habían comido donde la otra tía, así que se concentraron en hacer la fila para subir al puente e iniciar el recorrido.

Los niños se divirtieron bastante, tanto que le contaron a su mamá y a su papá lo entretenido y jovial que había sido salir con su tía. Se sintieron muy bien, y Morr junto a su amor Miyaled, se sintieron aún mejor.

***

Era un sábado, para otros sería como cualquiera, pero para ellos y su amor, no. Miyaled y Morr habían terminado hacer el aseo en la casa. Eran pasada las siete de la noche. Él limpió el baño y se duchó, cuando ella terminaba la cocina y limpiaba la nevera. Antes de vestirse, Morr le pidió que se bañara y que se vistiera; ella no hizo pregunta y lo hizo de manera diligente.

Había un silencio, mientras cada uno de ellos terminaba de arreglarse. Cuando estaban ya listos, Morr le dijo "vamos", y ella no preguntó. Tomaron las llaves y cerraron la puerta de la calle. Salieron caminando y él le tomo de la mano y la llevaba apresuradamente por con cariño. No hay palabras en el camino, no había necesidad.

Llegaron a un centro comercial a las ocho y vente minutos. Tomaron el camino de las escaleras segundarias y subieron al segundo piso. Todo el trayecto, iban tomados de la mano de manera muy amorosa. Él la condujo hacia un sitio muy hermoso, con iluminación suave, con música agradable donde se podría departir y hablar de manera cómoda. El sitio tenía un cierto aire de romanticismo.

Como si se hubiesen puesto de acuerdo, se sentaron, sin mirarse, en una mesa perfecta para ellos, un poco en el centro y de aspecto muy agradable. Morr al correrle la silla para que ella se sentara le susurró "te amoo…"; luego, al sentarse adyacentemente, la tomó nuevamente de la mano y le dijo. "te amo, mi cosa linda, mi cosa bella". Instantes después ella contestó las frases con la misma intensidad y se dieron un beso.

sucedió… eso es el amor puro y verdadero". Pidieron un chocolate caliente y un sándwich de jamón y queso distribuido en dos mitades, que comieron en el mismo plato. Sonrieron mucho y conversaron de sus cosas agradables. Había muchas miradas de amor, apretones de manos y caricias del cabello y del rosto, que no incomodaban a las demás mesas.

De regreso, cada uno en su pensamiento tenía ideas parecidas que se resumen en lo siguiente: "…había sido sencillo, pero me gustó la manera como

***

Llegaron al medio día a la población de destino. Habían estado antes, en la misma fecha un año antes. Esta vez, Miyaled pudo dormir mejor en el trayecto de ida, pareciera que habían salido más temprano, pero prácticamente fue a la misma hora. Fue un viaje tranquilo, casi no se sintió.

El registro en el hotel fue rápido. Y en la habitación acomodaron todas sus cosas, muy ágilmente, para poder comer algo. Tenían un poco de hambre.

Salieron como siempre, muy tomados de la mano. Caminaron varias cuadras buscando un restaurante en medio de los almacenes y puestos de comercio. Pareciera que ninguno estaba por allí, hasta que al fin dieron con uno.

El restaurante era bastante grande y servía comida típica de la región. Ellos se fueron hasta el final del recinto buscando un área despejada y fresca. Una mesa con buena ventilación fue la elegida. Se sentaron de manera adyacente para poder tomarse de la mano y estar más cerca el uno del otro. Del menú decidieron tomar sancocho de costilla porque tenían hambre regular.

Regresaron al hotel después del almuerzo, se sentían satisfechos de la comida, pero antes revisaron algunos puestos de comercio y almacenes que les quedaban de camino.

En la habitación terminaron de acomodar las cosas y se alistaron para ir a los monumentos. Primero, se tomaron fotografías en los que quedaban cerca de la terminal de transportes. El sol les dificultaba la calidad de las fotografías por el mucho contraste, esperan un poco a que fuera más tarde, y al fin las fotos quedaron impecables. Después, caminaron un trayecto largo, para encontrarse con los símbolos tradicionales de la ciudad que quedaban a la entrada.

La camita fue larga, de unos veinte minutos. En ese ir pareciera que nunca iban a llegar. Pero de todas maneras caminaron juntos y unidos de la mano, y a pesar de lo agotador que pudo haber sido, entre ellos había amor, en las miradas y en todos los gestos. Por ello, al ver las fotos, los familiares mencionaron que era justo y necesario que fueran felices.

De allí un taxi los llevó a las inmediaciones del hotel, al decidir sentarse en una cafetería al aire libre para disfrutar, como en casa, de un café.

Regresaron al hotel para bañarse y alistarse para hacer algunas actividades en la noche. Caminaron a un costado de la plaza, la cual la estaban reconstruyendo, y en uno de los extremos de la plaza compraron algunos detalles conmemorativos y suvenires (para llevárselo a los familiares) de la cuidad a un vendedor callejero, allí, preguntaron a dónde se habían llevado las luces tradicionales de la plaza ya que la estaban reconstruyendo, mencionaron que a las orillas del río estaban todas las decoraciones.

Tomaron un taxi, que los llevó en pocos minutos en donde comenzaban las luces y los adornos navideños. Caminaron, dejándose fascinar por el ambiente y se acercaron, con algo de timidez a la orilla del río. No se veía mucho porque era de noche.

En el recorrido, se tomaron de la mano y se expresaron libremente su amor. Miyaled estaba feliz, no menos Morr, que se sentían llenos del espíritu del amor, muy llenos de bendiciones por estar juntos. Las fotos van y vienen, los videos de sus besos también, fue espectacular, la manera como se expresaban su amor.
Había que explorar más y llegar temprano para ver el río, era importante no perder esa oportunidad.

La noche se hacía menos joven cuando regresaron al hotel. Estaban llenos de pasión, necesitaban expresarse todo lo que sentían, sus cuerpos demandaban ser uno solo.

La cama hacía mucho ruido cuando se estaba encima de ella; sin pensarlo colocaron en el suelo el colchón. Al acortarse colocaron el aire acondicionado en veinticuatro, se aseguraron que el sol de la mañana no entrara por la ventana para dormir hasta tarde, y sin luces, sus enamorados cuerpos expresaron el amor y la pasión. Durmieron abrazados.

Al despertar, todavía con la pasión, el amor dejaron expresar de forma intensa, haciendo temblar sus cuerpos.

Nuevamente, desayunaron en la cafetería, un par de deditos de queso con café para ella y café con leche para él. Salieron de compras en la mañana a conocer el sector, compraron muchas cosas: ropa, zapatos y todo lo que les gustó. Almorzaron nuevamente en el restaurante típico. Ya en la tarde se dedicaron a visitar la galería de artesanías donde adquirieron varios recuerdos que llevarían a los familiares.

Casi oscurecía, y apresuradamente salieron a visitar el río. Por fortuna todavía había luz, pudieron verlo en plenitud, tomarse fotos. Caminaron nuevamente y completamente las decoraciones y se tomaron más fotos.

Al final de sendero, desembocaba el parque de los artistas, allí se tomaron fotos con las estatuas conmemorativas de los grandes juglares y con el instrumento musical insignia del género.

Morr le cantó nuevamente las canciones que hicieron su amor grande, ella grababa todo en video.

Luego de visitar, se dirigieron a un centro comercial donde pudieron comer algo en la zona de comidas y luego visitaron algunos almacenes. Allí, en todo momento, siempre tomados de la mano y mostrándose su cariño.

Amaneció el nuevo día, y temprano recorrieron nuevamente la galería de artesanías para, con más calma, adquirir nuevos recuerdos de la ciudad. Pasado el mediodía ya estaban de regreso a la ciudad donde vivían.

Amor a primera sonrisa

Una sonrisa para estar contento, es un amor lleno de alegrías en el camino de la felicidad. Por medio de una sonrisa, la primera, se llega al amor puro y verdadero. La vida se la han trasformado, cultivando momentos para recordar siempre, para querer vivir siempre esos momentos.

Amor a primera sonrisa es el que se siente en lo profundo del corazón e incita a no querer cambiar todo el tiempo vivido juntos por un millón de años si ese amor. Porque se vive enamorado, sintiéndose genial, especial y satisfecho por ser amado de esa manera.

Vivir un montón de momentos felices, es lo que significa Amor a primera sonrisa para Miyaled y Morr. Donde cada día que pasa aumenta mucho más ese amor, donde cada cosa que pasa es para recordar toda la vida.

Cada día se nutre ese amor, por cada uno de los dos, con las sonrisas, primero, y después con las alegrías, pasar el tiempo juntos, hacer las cosas cotidianas, hacer equipo en todo, hablar y sobre todo expresarse el amor. También es encontrar la felicidad en las bellas y dulces palabras que se comparten, así como, las preocupaciones por el bienestar del otro; eso es este tipo de amor.

Que con una sola palabra, un solo gesto, entre Morr y Miyaled, los hace sentir libres, muy enamorados y extraordinariamente bien, muy bien se sienten, no pueden vivir sin el otro, es almo sorprendente, pero ese amor es puro y verdadero, que les llega al alma.

En el Amor a primera sonrisa, Miyaled es la persona más importante para Morr. Cada uno es para el otro una parte significativa de su existencia, que se refleja en querer estar el uno al lado del otro, sencillamente para ser feliz.

Un amor para escuchar, para consentir y brindar toda la comprensión con la dulzura que se alberga en el corazón para brindar un ramillete de besos, esto es el amor que se tienen Miyaled y Morr.

Como si fuera una planta, el Amor a primera sonrisa crece alimentado por todas las expresiones de amor, cimentadas en la alegría, en el entendimiento, en buscar la sonrisa y en facilitar las acciones diarias.

A donde quiera que el uno esté y a donde quiera que vayan siempre están juntos, muy firmes en la relación.

Una relación que para ellos es sagrada, bendecida por Dios, nutrida por un sentimiento de agradecimiento por permitirles amarse, haberse conocido y cruzado sus caminos. Los corazones de Miyaled y de Morr se encuentran llenos de bellas emociones, de cosas alegres, de ganas de compartir, de sentirse, de quererse, de amarse plenamente.

En este Amor a primera sonrisa, a él le gusta su sonrisa, la manera como se mueve, su figura también, su cabello y su rostro. A ella la gusta su seriedad, ver como camina, los gestos que hace, la manara como le canta y el sentimiento que le expresa en cada momento.

Disfrutan tanto de su compañía, que es muy común que se expresen que se hacen falta, y a veces, no se pueden aguantar, necesitan verse y estar muy juntos. Están locos de amor en esta bella historia.

Al abrir sus corazones, se nota que son el uno para el otro; y se convierten en la vida que le da sentido a sus vidas. También se distingue un estado más allá del estar enamorado, en esencia, el amor se ha cimentado para no poder vivir sin el otro.

Un amor de alegre despertar, para que Morr la tenga en la mente haciendo a su corazón rebozar de contento.

Para poder recordar que esa es ella, la que proporciona los momentos más felices, desde que están juntos. Un despertar en una vida linda con los sentimientos hacia ella.

Se aman profundamente, con todos los sentimientos que nacen desde sus corazones muy vivos y especiales. Para ella, Morr está muy adentro de si, amándolo muchísimo, y lo que siente es para ser feliz y de generar muchos pensamientos buenos.

Miyaled siente que lo extraña y que quiere velo y sentirlo, porque es su amor, y lo necesita, en definitiva, este amor a primera sonrisa es su vida. Un amor y una sonrisa muy importante para ellos, porque con un beso se demuestran lo importante son el uno para el otro. Una luz de bendición se ha convertido este amor.

La alegría llega cuando cada uno sabe que el otro lo ama. Los corazones vibran y se aceleran, porque toda una vida se habían esperado, para compartir los momentos más hermosos de este amor a primera sonrisa.

En su corazón, Morr, identifica que Miyaled es la expresión más bella del amor, de un sentimiento, que te con la mente y corazón sea el más puro y perfecto.

Un sentimiento de amor de tantas y muchas cosas que se guardan en el corazón, que al dejarlas salir demostrarían lo grande que es este amor; algo muy hermoso que los hace feliz en todo momento y que no pueden controlar.

Este amor, a primera sonrisa, hace que la vida sea la experiencia más maravillosa y de calidad, porque se sienten atraídos y querer estar siempre juntos, siempre. Porque, por su lado, cada uno, es la linda persona que Dios puso en el camino, para encontrar y disfrutar las bellas emociones y momentos de amor de la vida.

Centuria
XI

Sentimientos lindos

"Mi amor... mira: mi corazón también está lleno de muchos sentimientos lindos, bonitos hacia ti también... te amo y te pienso; y te quiero ver así sea un ratito ahorita amor...

Te amo, te amo, te amo mucho... pienso mucho en ti. Te recuerdo mucho... recuerdo mucho las cosas y los momentos que nosotros pasamos juntos... recuerda, te amo de verdad... te amo... te amo muchísimo de aquí hasta el infinito y mucho más allá como te he dicho... Te extraño

Quiero verte, quiero ver tu barba, quiero ver como la dejaste... te amo... Te mando muchos besos, muchos abrazos. Te amo mucho.

Oye mi señor... mi amor... me has hecho falta, mi vida. No te he visto, donde andaba... se anda escondiendo de mí... me hecho mucha falta, mi vida. Te extraño. Te amo y te quiero mucho."

Miyaled

I

Tus ojos me hacen vivir
y me animan a seguir adelante,
sabiendo que estás, siempre,
esperando por mí

II

Para hacerte feliz, te ofrezco mi amor
para darte el todo el corazón
que de allí nací
para hacerte muy feliz

III

Tengo mucha sed de ti
me haces muy feliz
me llenas el corazón de bellos sentimientos
para hacerte una y otra vez muy feliz

IV

Tantos deseos tengo de tu amor
porque te quiero y te amo;
por ser el amor de mi vida
por entrar aquí en mi corazón y de allí nunca salir

V

Tenerte es grandioso;
estoy enamorado de ti
de una mujer tan bella tan bella
que me hace feliz

VI

Busco tus besos sin darme cuenta
porque te amo sin medida;
lejos de ti, yo salgo
y te busco y te busco

VII

Tú eres el amor especial que dio vida;
una vida para hacerla grande y hermosa
al estar entre tus brazos
con mi corazón enamorado

VIII

Me has hecho la vida muy linda:
cuando hablas, cuando piensas,
cuando caminas, cuando me amas
para amarte en todo momento

IX

Te amo y eres mi bendita inspiración,
de dónde salen todos estos bellos versos
reflejado todo el amor que siento por ti
y ellos, muchos, van a seguir

X

Dentro de mi pecho está
un gran amor que de ti ha nacido,
qué de camino a la luna hacia el infinito
voy agarrado de manos contigo

XI

Muy feliz, pero muy feliz
mi corazón vive por ti,
sólo por ti y vivo deseando
tus besos con la pasión de tu amor

XII

Caminar a tu lado, siempre quiero estar;
al ser la esperanza de mi corazón
para amarte más,
besarte y abrazarte hasta el infinito

XIII

Mi corazón se estremece cuando te beso
porque junto a ti
ya no tengo miedo
y soy feliz contigo

XIV

Esta vida esta vida es bella y hermosa
porque estás junto a mí;
siempre saber que este amor
es bendito por Dios, hace que se llene

XV

La verdad Te amo,
mis sentimientos son tuyos;
al amarte me das la tranquilidad completa
que nutre mi corazón

XVI

Miedo no tengo de decir lo que siento,
porque estoy muy enamorado de ti;
eres mi zombie de amor:
lo más precioso de mi vida

XVII

Participar en tu bella vida

es lo que quiero;

toda la información apunta

que todo lo que siento es amor verdadero

XVIII

Cada línea de tu rostro

la he guardado en mi corazón;

cada una por ser tuya, siendo tan hermosa,

haciéndote cada día te hace más bella

XIX

Me alegra ver tu sonrisa, porque yo te amo

y me haces mucha falta,

quiero en tus brazos sentir

todo lo y tú sientes por mí

XX

Me invitaste a ir juntos hacia el infinito

y yo con gusto dije que si;

amor es una palabra mujer que refleja

sólo en parte lo que yo siento por ti

XXI

Lo confieso desde mi corazón:
necesito tus abrazos,
porque junto a ti,
tiemblo y te necesito

XXII

Cuando te escribo o pronunció la palabra Amor
te estoy nombrando a tí,
también, pensándote mucho
desde mi enamorado corazón

XXIII

Te pienso y te amo...
me haces mucha falta;
eres el amor hecho mujer
que alegra mi vida

XXIV

Los muy buenos días
te brinda mi corazón,
amándote, eres la alegría mía,
gracias por darme esa vida

XXV

Te pienso... cuando veo la luna

y recuerdo tus brazos tiernos

recuerdo tus palabras de amor

que me hacen vivir muy feliz

XXVI

Eres un zombie muy dulce

que me ha dado un amor puro;

más que un sueño, eres la cosa más bella

que me acompaña hacia la felicidad

XXVII

Tomados siempre de la mano,

estar enamorado de ti

es maravilloso;

gracias a ti, la vida se me ha llenado de amor

XXVIII

Eres dueña de mi corazón...

te amo por ser la luz

que llegó para sanarme

con unas muy bellas sonrisas

XXIX

Estoy en tus brazos,
me siento feliz cantando
y con ganas de verte
para consentirte mucho

XXX

Eres el cálido sol
que me saluda cada mañana
con un amor que me llena
de ánimo para vivir

XXXI

Siento un gran amor por ti;
te estoy pensando te estoy amando;
me haces mucha, mucha, mucha falta
porque estoy cada día más enamorado de ti

XXXII

Te has metido en mi corazón
para darle alegría y hacerlo feliz;
tantos deseos de verte
qué es lo que hace que se acelere mi corazón

XXXIII

Maravilloso es,

vivir todo esos bellos momentos

siempre a tu lado,

donde siento tu inmenso amor

XXXIV

Te pienso mucho,

mi corazón lo manda,

también, el querer besarte

hasta quedar sin aliento

XXXV

Me encanta comenzar un nuevo día

pensando en ti;

al tocarte la primera vez,

me di cuenta que siempre te amaría

XXXVI

Cada instante que pasa

me da cuenta que nací para amarte;

cada palabra, cada mensaje tuyo

hace que mi corazón salte de emoción

XXXVII

Te conocí, pero ya te amaba…

me acerqué a ti, también ya te amaba;

eres mi amor hermoso, ahora

y yo te sigo amando

XXXVIII

No esperaba amarte,

siquiera conocerte,

pero ahora,

lo que hago es amarte

XXXIX

Al estar contigo todo es perfecto;

al expresarte todo mi amor es aquel que siento

el regalo que tú me has dado es tu vida,

la vida es bonita y buena porque te tengo a mi lado

XL

Dios creo el amor

y también hizo que yo te conociera,

de mi parte está que yo te dé todo

 ese amor el que tú has esperado

XLI

Qué lindo… qué hermoso…
dichoso estoy al leer tus palabras
me hace sentir tu amor en mi ser
y dentro del corazón

XLII

Mi corazón es tuyo,
vivo por ti, vida mía;
eres el amor maravilloso
que me hace vivir feliz

XLIII

La esperanza la tengo en ti;
todo mi ser te desea
para nada más ni nada menos
que hacerte feliz

XLIV

Tu amor es lo que necesito
mucho y sin medida;
quiero estar contigo siempre,
amándote y haciéndote feliz

XLV

Te pienso, te amo, te extraño…
me haces mucha falta;
ser tuyo, todo todito todo,
tenerte todita es lo que quiero

XLVI

Todas las palabras que tengo
son lindas, nacidas para ti;
todas ellas describen
el amor que siento por ti

XLVII

Quiero besarte y abrazarte,
sentir tu compañía y
todo lo tuyo en mí
ya te amo con locura

XLVIII

Mi corazón y mi alma te esperan
con la ilusión de un nuevo día
loco por ti he de estar
y mi esperanza eres

XLIX

Dios nos ha bendecido,
también a nuestro amor;
en tus brazos donde quiero estar,
hasta el infinito ir a tu lado

L

Es hermosa la sensación,
me siento feliz y confiado
por ser tu amor,
te presente que te amo

LI

Estar a tu lado, lo quiero;
es el motivo para amarte
ya sea en toda ocasión.
porque quiero ser siempre tu amor

LII

Ay mi amor
escucha tu voz
es algo supremamente lindo
todo muy hermoso

LIII

Qué rico...
qué sorpresa tan maravillosa
es escuchar de tu voz
el dulce te amo

LIV

Pues yo te amo
y solamente pienso en ti
de mañana, en la tarde
pero más en la noche

LV

Eres especial para mí;
eres mi vida, mi luz
y mi amor pleno,
así eres todo para mí

LVI

Me devuelves toda la energía
para vivir contento;
contigo me siento
un hombre sumamente amado

LVII

Eres una maravilla,

por todo lo que haces por mí,

por amarme tanto,

por sentirme tan querido

LVIII

Mi amor...

todo lo que tú me dices

me hace sentir contento

y, de ti, muy enamorado

LIX

Soy alegre al declarar

que estoy enamorado de ti;

todo mi pensamiento es para ti

te amo, mi vida, la razón

LX

Eres un sol

que me haces sentir genial;

me siento muy respetado delante de ti

me siento muy amado... soy feliz

LXI

Por todos los cambios
que quieres hacer
sé estás contenta
también sé que estás feliz

LXII

Me arriesgo contigo
a ir juntos hasta el infinito
y hacia más allá,
algo completamente desconocido

LXIII

Ecuuuuu… mi vida, mi amor
dijiste una palabra
que me hizo estremecer
siendo esta: espectacular

LXIV

Me hace sentir que vivo,
me haces sentir cositas
aquí en el corazón
qué siento me lleno de alegría

LXV

Me hace sentir joven,
me vuelves un hombre joven,
por ello, mi amor, quiero ser
tu amor toda la vida

LXVI

Mi amor contigo todo...
darte mi amor, lo deseo;
me haces solamente feliz
al pronunciar una palabra dulce

LXVII

Me hace feliz también
con tu sonrisa;
cosa linda, mi cosa bella
rico es vivir para ti

LXVIII

Estar a tu lado
y compartir todo
es maravilloso
sobretodo... te amo

LXIX

A tu lado, la felicidad;
sentir tu presencia
y sentir tu roce de tu cuerpo
puedo percibir que estás ahí para mí

LXX

Cómo me haces querer abrazarte;
ay mi amor, eres linda,
eres divina:
te amo mucho

LXXI

Un "te amo" me pediste,
yo mil y un "te amo", te regalo
porque en verdad yo siento,
en mi corazón, que yo la amo

LXXII

Eres genial y dulcemente bella;
habitas en mi corazón,
te tengo aquí en mi pecho
para alegrarme la vida

LXXIII

Deseo compartir todas las cosas contigo,

mi amor, te amo mi vida;

es maravilloso

todo esto que sentimos

LXXIV

Ese amor que sentimos los dos

se irradia hacia los demás,

que enseguida se nota

que estamos enamorados

LXXV

Soy más joven por ti

y tú inmensamente más joven,

porque nuestro amor así lo hace

cada vez que juntos estamos

LXXVI

Eres mi amor lindo,

contigo tengo la vida llena

de momentos felices

y de un amor dentro de mi corazón

LXXVII

Lo que siento es para darte felicidad plena
con un amor que nos lleve hasta el cielo
dándote la dulzura y el cariño
que brota desde mi corazón

LXXVIII

Tantas cosas buenas para compartir
todo lo quiero contigo
porque llenas la vida
sacando de mí, todo lo bueno

LXXIX

Nuestro amor no es
solamente la atracción física,
sino más bien, el amor que ha nacido
en nuestros corazones para darnos la felicidad

LXXX

Te amo, mi vida…
siempre quiero estar a tu lado,
cada minuto quiero pasarlo contigo
me haces vivir los momentos más felices

LXXXI

Sólo con sonreír

me haces mucho bien;

este amor nuestro

nos hace, a los dos, mucho bien

LXXXII

Oye... amor de mi vida

tengo unas ganas de darte

un gran abrazo y de sentir

tus palabras cálidas en mi corazón

LXXXIII

Un beso tuyo no es suficiente,

quiero mucho de ellos

para poder ir juntos

hacia el infinito

LXXXIV

¡Te amo! te lo he dicho;

si no lo escuchaste,

con todo mi corazón,

te lo vuelvo decir

LXXXV

Muy hermosa te encuentro hoy,
cada día más bella, el mañana;
todo lo que siento lo resumo:
en dulces palabras que nacen del corazón

LXXXVI

La alegría de mi corazón tiene nombre,
muy adentro y muy escrito,
siendo tú, quién así se llama
para no borrarse jamás

LXXXVII

Si los minutos tuvieran mil segundos
yo le daría uno más para amarte
desde los pies a la cabeza
y quedándome en tu corazón

LXXXVIII

Estoy muy enamorado de ti
y expreso el sentimiento
con mi bella canción
que nació de tu dulce inspiración

LXXXIX

Cuando estoy contigo,

siento que vivo,

y tengo la mayor de las emociones

que aceleran mi corazón

XC

La conclusión es clara:

te pienso, te extraño

y me haces mucha falta,

sencillamente… te amo

XCI

Te amo con toda la fuerza

que hace latir mi corazón fuerte;

con mi pensamiento y mis besos

yo te lo demuestro

XCII

Has llegado a mi vida

como la olorosa primavera,

muy sonriente y muy alegre

dándome la felicidad más hermosa

XCIII

Todo de ti, me ha hecho muy feliz;
lo que siento en el corazón es diferente
y me hace sentir muy bien a tu lado
en un abrazo que no termina jamás

XCIV

Tú estás en mí vida
y has hecho de ella
la más linda y feliz
con tan sólo, estando al lado mío

XCV

En cualquier lugar y todo el tiempo
que estamos juntos me hace sonreír,
de una manera tan sencilla,
que me haces sentir la plena felicidad

XCVI

Te amo, mi vida...
eres linda y muy hermosa,
contigo he conocido el verdadero amor
con tan sólo mirar tu dulce sonrisa

XCVII

No tengo palabras para decirte
lo que siente mi corazón,
las palabras que salen ese momento
son: te amo, mi vida, te amo

XCVIII

Besar tus labios me hace feliz
y alegra a mi corazón,
pero más lo soy
cuando me abrazas y me das tu querer

XCIX

Me das mucha alegría
cuando tú dices las palabras "te amo";
demostrando, sin lugar a dudas,
lo que siente tu corazón

C

Dulces palabras te digo,
lo que siente mi corazón;
ya mi alma completa es tuya
enamorado de ti estoy

Montones de amor

"…Te quiero montones, pero son montones, que no te imaginas cuánto me gusta, me encanta… me encanta escuchar la voz de macho que tienes… me encantó, me gusta mucho como te lo he dicho: tu seriedad hasta tu sonrisa…todo… todo de ti me gusta… todo de ti.

Te amo mi amorcito, se adueñó de mi corazón… está prendido en mi pecho y ahí está pero bien prendido y no hay nada que lo saque de ahí, oyó, nada… mi amorcito, te amo mucho y me has hecho mucha falta…. me hacen falta tus besos… me hacen falta tus abrazos, tus caricias y que me consienta…. me hace falta todo de ti mi amorzote… un besote grande… te amo."

Miyaled

Centuria
XII

Mi razón de vivir

"…Ay mi amor… muchas cosas que decirte. Pues tus ojos me hacen vivir y me anima a seguir adelante, porque siempre sé que estás esperando por mí, siempre mi amor.

Eres la razón por las cuales quiero yo vivir. Soy muy feliz con tu presencia, con tus besos, con tus abrazos, con tus abrazos tiernos, con tu mirada, con tu primera sonrisa. A Dios le agradezco ponerte en mi camino, para que, al fin, yo pueda ser feliz.

Nunca entendí la noticia de que yo iba a ser feliz, y debo decir que no sabía que eras tú la que me iba dar, y que yo iba a ser feliz.

Te mando desde mi corazón, muy enamorado, besos y muchos abrazos; todos esos ver que nacen de allí en Amor a primera sonrisa."

Morr

I

Locamente amarte es la razón
para besarte una y otra vez;
temblar, también,
con el corazón lleno de pasión

II

Al tenerte cerca
la emoción es muy grande,
la que dulcemente se expresa,
cuando te recuerdo

III

Juntos y alegres,
muy tomados de la mano
quiero estar siempre
al darte mi amor

IV

En tu dulce compañía
me siento tranquilo;
sabes que te pienso
y que te amo también

V

Lejos de ti no puedo estar,

ni un minuto o un instante,

ya a mi corazón le hace falta algo,

porque enseguida te salgo a buscar

VI

Te extraño, mi vida,

y lo que hago es recordar

que hace tan sólo 5 minutos

te acabo de besar

VII

Llenas mi recuerdos de alegría,

a mi corazón de una dulce esperanza,

a mi vida de mil y un colores;

todo para buscar la felicidad

VIII

Enamorado he quedado

y enamorado seguiré,

de ti mi vida linda

de mi cosa linda de mi cosa bella

IX

En mi corazón, estás clavada

y es algo que me pone muy feliz,

también, muy contento

por tenerte como mi amor

X

Para darte todo mi ser,

no necesito ni pensarlo,

ya que es algo que deseo

para ir juntos al infinito

XI

Entre nosotros,

el amor empezó fuerte,

y sigue creciendo cada día más,

"a punta" de cariño y de dulzura

XII

Mi corazón te ama mucho,

de manera diferente y concreta,

así, entregarte en cada beso,

en cada abrazo y en cada momento, la felicidad

XIII

En ti tengo toda la esperanza,
todo mi amor, todo mi cariño y dulzura;
no me equivoco
en entregarte todo mi ser

XIV

Eres una bella flor qué tendrías
siete colores para darme
la combinación perfecta
de todos los matices de la vida

XV

Te amo y sabes que sí es;
te deseo muchísimo
y así también lo sabes
que estás clavada en mi ser

XVI

Tocar tu mano y acariciarla,
mucho consentirla, besarla
y tenerla entre mis brazos
es lo que sale de mi corazón

XVII

Tu sonrisa, la primera que anunció
todo lo que siente por mí;
un amor lindo… un amor bello
que ha nacido entre nosotros

XVIII

Nuestro amor es sencillamente
tan grande y hermoso,
que darte muchos besos,
lo que mi corazón quiere

XIX

Mucho abrazarte
es lo que quiero,
por tanta dicha y tanto amor
entre los dos va a haber

XX

Paso el día pensándote,
porque me ha enamorado
tan locamente de ti
qué soy feliz

XXI

Contento, mi amor, esa es la palabra
que te voy a decir en el día de hoy
que soy muy feliz contigo
todo por tu amor

XXII

Me hace feliz estar contigo,
es verdad, ser tu amor es fantástico;
de la alegría, salto en un solo pie
por en un abrazo tierno fundirnos

XXIII

Todo lo llenas con tu amor,
eres mi vida linda y mi cosa bella;
los motivos para ser feliz los tengo
porque tú estás a mi lado

XXIV

Construyendo cada día nuestro amor
para hacerlo inmensamente grande
con toda la miel de tu corazón
de lo que llevas en tu pecho

XXV

Tengo en mi pensamiento
decirte lo que siento,
el más bello sentimiento
y demostrarte que eres en mi vida

XXVI

Te amo, te extraño y te pienso
porque soy feliz a tu lado:
mi cosita linda mi cosita bella
ya te estoy adorando

XXVII

Mi vida es más linda a tu lado
porque acelera mis latidos de mi corazón
y me pones contento y feliz
sólo con tu sonrisa

XXVIII

Linda y preciosa tú eres,
saber que estás para mí
eso hace muy feliz
tan contento, me pones

XXIX

Mi vida eres tú, la razón
por la cual yo vivo;
por ti soy feliz
para volverte a besar

XXX

Pensando en todo,
tu amor me has dado;
tu eres bien correspondida
de todo lo que me has brindado

XXXI

Este es nuestro lindo amor
el que hemos cultivado,
el de momentos maravillosos
y de pasión desenfrenada

XXXII

Tus ojos son los más bonitos
que me diera la vida;
te amo con todo mi corazón
completamente loquito por ti

XXXIII

No se da cuenta,

pues mire lo que le digo:

el tiempo me ha dado la razón

que eres ya mi gran hermoso y puro amor

XXXIV

Te recuerdo mucho

cuando te vuelvo a cantar,

para quedarme en tus brazos

porque tú eres el amor que Dios me dio

XXXV

Un buen día

sólo es completo con tu presencia;

y tener en un abrazo

ver tu sonrisa

XXXVI

Soy tu amor tenlo presente,

y yo en tu mirada

tengo todo lo que necesito;

las muestras de nuestro amor

XXXVII

Yo te besaré con una pasión fuerte
desde los piececitos hasta último cabello
para llenar tu cuerpo de placer
como el complemento de nuestro amor

XXXVIII

Mi pasión y la tuya, fruto del amor es;
que no nos deja alejarnos de otro
para ir juntos, en el amor,
más allá de las estrellas

XXXIX

Dónde estabas
que tu amor lo necesitaba;
un amor tan grande
que siempre fue mío

XL

Zombie te amo
la mujer más bella y hermosa
la que me tiene enamorado
eres tú mi amor

XLI

Reconozco que te amo
porque en mi pecho tú estás;
a tu lado siento que vivo
una vida linda y hermosa

XLII

Amor de mi vida,
amor linda y preciosa
te amo muchísimo
desde aquí hasta las estrellas

XLIII

Con tu amor, mi vida linda,
se tiene en la vida
todo lo que se necesita y nada más
para ser feliz, pero muy feliz

XLIV

Mi existencia se hace feliz
cuando tú estás a mi lado
es maravilloso contar contigo
todo momento de mi vida

XLV

El tiempo lo dirá muy claramente
que a tu lado el mundo es muy bello
tanto como tú,
en todo momento y lugar

XLVI

Mi pensamiento es para ti
amor de mi vida: te amo;
de golpe serás feliz
siempre como ahora lo eres tan bien

XLVII

Yo soy feliz contigo
de la manera más espectacular;
todo se vistió de alegría
desde que tú y yo no besamos

XLVIII

Eres el amor que encendió
la llama eterna en mi pecho
para ser un buen amor
que le da alegrías a mi vida

XLIX

Eres el buen amor
que da a mi vida todo lo bueno,
todo lo bello, fortalece mi corazón
y me da toda la felicidad

L

Eres el amor con la luz más potente
que el mismo sol;
tú, un gran amor dulce y tierno
que te has convertido en canción

LI

Tú eres un gran amor
que ha llegado a mi camino
dando las alegrías y emociones
de los motivos de la tranquilidad

LII

Al besarte, te has convertido
en una fantástica razón
para ser, indudablemente,
el amor de mi vida

LIII

Necesito estar cerca de ti;
te miro y te analizó…
quiero pasar el tiempo contigo
todo… todo porque te amo

LIV

La felicidad me la has dado
con los pequeños detalles,
como una bella flor
que florece dentro de mi corazón

LV

Me siento contento
al escuchar tu voz;
de cualquier forma
me estremece el alma

LVI

Tú me haces temblar sólo con tu mirada,
con este amor bendito,
que es diferente y especial
porque siempre a tu lado sonrío

LVII

Porque te amo
siento grande en mi pecho
un sentimiento bueno,
bendito, muy bendito

LVIII

La emoción es grande cuando escuchó tu voz;
lo más lindo eres tú, mi amor
porque tengo tanto para darte
y tanto para recibir de tí

LIX

Lo que quiero es tenerte a mi lado
para ser felices los dos
en la alegría de esta vida
endulzada con nuestro amor

LX

Me encantan tus ojos
y estar cerca de ti;
la belleza es el reflejo del alma
y la tuya es bellísima

LXI

Porque todo sentimiento
que me nace hacia ti
es bueno, bonito y muy hermoso
porque mi corazón te ama

LXII

Porque te pienso todo el día,
sin ti, no tendría nada que pensar
tampoco nade que sentir,
ya que mi corazón late por ti

LXIII

Todo lo que siento
es para darte el amor verdadero
nacido desde la profundo de mi alma
para entregártelo plenamente

LXIV

Todo lo que pienso es bueno
porque toda idea me lleva a ti
y a demostrarte todo mi amor
en cada beso que te di

LXV

La confianza la tengo

porque tú estás allí

dándome el amor

que tienes para mí

LXVI

La vida me la tienes contenta

con tu presencia en ella;

hoy vivo los detalles más pequeños

y el amor de la más bella zombie

LXVII

Yo no soy como fui ayer,

hoy sí estoy viviendo...

y soy muy feliz al lado tuyo

siempre amándote y pensándote

LXVIII

Cosa bella... un día apareciste en mi camino

para ser lo mejor que tengo;

al brindarme tu amor, mira

todo lo que he ganado y bendito por Dios

LXIX

Todo el tiempo es hermoso
por estar a tu lado
porque he descubierto
el amor puro y verdadero en ti

LXX

Tu mirada me busca para pedirme un beso,
un abrazo se te aparece sin pedir permiso;
encantado con tu mirada
para que mi corazón sueñe contigo

LXXI

Tu amor es lo especial de esta vida,
que comparto contigo;
tu mirada y tu sonrisa
me demuestran el amor más puro y verdadero

LXXII

Lo que a mi alma hace feliz
es tu amor; y es genial
tenerte a mi lado, tu ternura…
todo eso me enloquece

LXXIII

Al estar juntos, tu y yo,

se vuelve todo amor;

para estar tomado de la mano

todo el tiempo

LXXIV

Oye….mi amor lindo:

tu mirada y sonrisa son transparentes;

te abrazo y me siento feliz,

sintiendo todo este sentimiento en mi pecho

LXXV

El día que usted llegó a mí

representa la más de La bella fechas

que ha ocurrido en mi vida,

para así darte todo mi amor

LXXVI

Besarte mientras duermes,

y despertar haciéndote el amor;

lo que en mi pecho llevo

es la más dulce pasión

LXXVII

Me sonrojo por estar a tu lado

y se me estremece el corazón,

se llenan mis labios de tu ternura

en los besos más sabrosos, los tuyos

LXXVIII

Todo lo que siento,

me hace bien;

todo este sentimiento

de amor verdadero, es para ti

LXXIX

Desde mi alma, el deseo

se representa de manera cariñosa,

pero muy firme,

de estar siempre junto a ti

LXXX

La suave brisa nos acaricia al caminar,

puedo sentir como tu corazón que late alegre,

al tomarme de la mano y al cruzar las miradas,

sin más que decir: te amo en verdad

LXXXI

Por ti se ha llenado mi corazón

de tan noble sentimiento,

que hace feliz

tanto a ti como a mí

LXXXII

Recordar tus besos

la sensación es maravillosa;

todo mi cuerpo responde

con firmeza y te doy mi amor

LXXXIII

¡Oye! Te amo...

con todas las fuerzas de mi corazón

y a esta hora, mi bonita,

te estoy llamando a ser mía

LXXXIV

Mi corazón se alegra y se acelera

esperando un beso de ti;

porque la emoción se desborda al amarte,

la más grata y esperada de las sonrisas

LXXXV

Felicidad es lo que me das,

se me pone contento con un corazón,

con ganas de abrazarte

y no dejar de hacerlo jamás

LXXXVI

Todo lo que siento es amor por ti

porque soy feliz a tu lado;

todo lo bello del sentimiento en mi corazón

es de amor para dártelo a ti

LXXXVII

Besarte quiero con la ternura dulce

cada segundo de la vida,

para estar contigo enamorado,

porque tu amor, yo también lo quiero

LXXXVIII

Te pienso y te extraño mucho, mi vida;

la sonrisa y las caricias

son las más hermosas

porque son de nuestro amor

LXXXIX

La más hermosa de las sonrisas

es cuando te veo que bienes

muy amorosa hacia mí

para darme todo tu amor

XC

Mi corazón, tú te lo has robado

y está muy feliz dentro de tu pecho;

así, el alma se me llena de tu amor

y me siento maravillado con el bien que me haces

XCI

Mis pensamientos son para ti…

te amo vida linda,

y no dejo de pensar en ti,

queriendo vivir contigo en el amor

XCII

Eres lo mejor que me ha pasado,

lo más bello eres, más bello que las flores,

más que el sol, más que la montaña…

así es tu amor

XCIII

Yo no mando en mi corazón,
hace mucho tiempo me lo ha robado
para hacerlo feliz
en todos los instan que comparto contigo

XCIV

Eres un zombi y yo la momia
que se aman intensamente
para tener los frutos más hermosas
que puede dar el amor

XCV

Cada vez que me cantas me emocionó
y me gusta que lo hagas,
mucho, pero, mucho
porque así me reflejas tu amor

XCVI

El amor que siento por ti
es algo bello y sencillo
que ha nacido puro y verdadero
con la bendición de Dios

XCVII

Te amo así sea con dolor de cabeza;
tus caricias son suaves y tiernas
me deja satisfecho con todo tus abrazos
tú me inspiras amor de mi vida

XCVIII

Sabes que te amo mucho…
que al besarte y darte los abrazos
mis sentimientos te los expresos
con toda mi alma para estar a tu lado

XCIX

Te lo quiero dar uno y mil más,
no te imaginas con cuento deseo
esos los que son maravillosos:
los besos para saborear tus labios

C

Mi amor y vida, el amor para ti
es el que ha nacido del centro de mi corazón
porque tú eres la mujer de quien me enamoré
por cada uno de sus detalles

Viviendo en tu amor

"…Vivir este amor, mi vida, mi corazón, mi cosa bella, lo más hermoso que me pasó en esta vida. Que me des muchos besos porque eres mi amor son de mis besos son para describir nuestro gran y hermoso amor

Tú eres el amor de mi pasión… La más bella… tú eres la miel que endulza mi vida… mi amor hasta el infinito.

La verdad, que no creo que exista un cielo que pueda albergar todo esto que siento por ti, dentro de este pecho.

Las palabras que refleja mis sentimientos se convierten en versos de amor, y inspirados por ti, para demostrar completamente que te amo.

Un abrazo tuyo con toda ternura, es un recuerdo que tengo dentro de mi corazón, con una dulzura de tu amor y en ese momento no quiero dejar de estar a tu lado.

Oye que me siento tan bien contigo… que se me olvida todo lo malo de esta vida.

De la luna hasta el infinito y de ahí hasta más allá algo totalmente desconocido.

Reconozco que no esperaba el amor verdadero. No lo conocía, no sabía que existía. Qué diferencia existe con este amor verdadero; tú me lo has dado y me lo has dado muy fuerte...."

Morr

Centuria XIII

Disfrutarse mutuamente

Disfrutarse piel a piel, sentir sus cálidos besos es lo que los hace sentir muy bien, muy enamorados, entregarse los corazones… pensarse continuamente, no poderse aguantar y tener que besarse en todo momento.

Disfrutar de las pequeñas cosas de la vida cotidiana, ser feliz haciendo las labores de la casa o disfrutando de un buen chocolate caliente. Reír de cualquier cosa que se ve en la calle, solucionar los problemas de la vida de manera conjunta y sin apuros. Todo esto los llena de felicidad, no se piensa en más nada sino en el amor que se tienen

Despertarse y estar pensando en vivir alegre la vida de compartir y estar contentos, llenos del amor que se tienen.

I

También eres lo más hermoso
que ha venido a mi vida
para hacer mi corazón muy, pero, muy feliz
mi amor, te amo mucho

II

Me despierto alegre
con el amor en mi boca de ti,
despertar pensando en ti con ese amor
te amo así, como tú me amas a mí

III

Eres tú, mi vida buena
y la miel que endulza todo mi ser;
bendita sea la vida y también nuestro amor
porque Dios nos unió para darnos la felicidad

IV

La bendición y mil más
han llegado a nosotros;
tanto vida como el amor
en la primera sonrisa

V

Me ha gustado mucho tu mirada,
todo lo que eres
y todo lo que me das
amor de mi vida

VI

Qué alegría es la que siento
cada vez que tú me amas,
no sabes lo feliz que soy
cuando estoy entre tus brazos

VII

La felicidad no me la esperaba
ni la presentía, pero llegó;
porque tú me la has traído
la aceptó con el amor de mi alma y mi corazón

VIII

Si lo que vivo es un sueño,
yo no quiero despertar nunca
porque quiero seguirte amando
mi cosa bella y muy linda

IX

La vida, si me ha vuelto más bonita;
cada mañana el sentimiento está en mí,
ese, que el amor a ti hermosa
te lo brindo para hacerte feliz

X

Muy bella es la vida
porque tú me pones a bailar,
a cantar, a ser feliz
y a sentir el amor verdadero

XI

Cuidarte, mi amor, es lo que yo quiero
es lo que nace de mi corazón,
también, mimarte y, sobre todo, amar tu sonrisa
porque de ti estoy enamorado

XII

Para mí eres la persona
que me emociona y me inspiras,
haces que yo pueda cantar
y tocas mi alma con tu amor

XIII

Yo me inspiró por tu presencia

al darme tu amor tierno;

tú eres la bonita de mi vida entera

mi mujer linda de la que quiero sus besos

XIV

Tú eres la felicidad de la mañana,

a quién mi alma pide su amor;

vida linda, cosa bella y hermosa

vivir sin ti, no podré

XV

Siempre es así,

muy enamorado vivo yo de ti;

en el mundo estaba sin el amor

pero tú me lo has dado y ahora soy feliz

XVI

Tu alma de bella flor

me pone a cantar todo el tiempo;

cómo te amo, mi vida linda,

unidos para siempre juntos

XVII

No me hace falta nada,

ni me importa nada,

si tengo tu amor,

todo lo tengo para ser feliz

XVIII

Un beso fue capaz

de dame la emoción grande,

de llenarme de alegría, amor y pasión

y ese beso… fue tuyo

XIX

Todavía siento tu aroma

y tu abrazo en todo mi cuerpo;

dulcemente tengo el alma

enamorada de ti

XX

Quiero estar a tu lado

y no dejar de amarte;

tu cariño y comprensión

me hacen tanto bien

XXI

Pienso en todos los momentos
que estoy a tu lado…
sencillamente son maravillosos,
porque nos amamos

XXII

Pienso mucho… y digo: eres la vida alegre,
la más bonita de las canciones,
la más bella flor, el más hermoso paisaje…
esa eres tú, mi amor

XXIII

Tu presencia en mi vida
me da la energía del bienestar,
una energía muy chévere, linda y preciosa
para ser feliz contigo en el amor

XXIV

Zombie de mi amor,
te amo tanto y tanto;
te amo con todo mi ser
porque tú y yo somos amor por siempre

XXV

Este amor perdura por siempre

en el corazón y en mi alma

porque es puro y verdadero

nacido en la bendición de Dios

XXVI

Siempre estás en mi corazón

tú eres lo mejor de la vida;

la tranquilidad y la paz que tú me das

con tu presencia y con tu amor

XXVII

Con darme cada día,

cada instante en la vida cotidiana

el amor tan bueno

haces que salte mi corazón de emoción

XXVIII

Tu suave rostro

me hace sentir la emoción más grande

porque estoy enamorado de ti,

te amo… ¿me oíste?

XXIX

El amor que siento es diferente
y muy grande, muy hermoso;
tan feliz de ser tu amor;
no lo cambio por nada

XXX

La felicidad, la tranquilidad y la paz
que siento al estar a tu lado,
al recibir ese amor tan bello,
me anima a seguir a tu lado

XXXI

Tan inmenso es nuestro amor,
sólo se compara con el que Dios puede dar
porque él nos dio este amor
que sentimos tú y yo

XXXII

Este sentimiento vivido
con las cosas cotidianas
juntos, muy juntos, son los que hacen
en esta vida sea especial... Te amo

XXXIII

Me llenas de tantas cosas buenas

que no te imaginas todo el bien que me haces,

lo mucho que te amo

y lo mucho que quiero seguir a tu lado

XXXIV

Poder expresarte todo lo que siento

y llenar mi corazón, mi alma y todo mi ser

de más bello puro amor que nació

para hacerte feliz... mi cosa linda, mi cosa bella

XXXV

La experiencia de estar enamorado de ti,

de compartir mi vida contigo

no tiene comparación,

me hace sentir muy bien, me haces muy feliz

XXXVI

Te pienso y te extraño mucho

no sabes cuánto

no sabes cuánta falta

me hace estar a tu lado

XXXVII

Conocerte es lo mejor y bello
que me ha pasado en la vida,
porque eres la bendición de Dios
y estar a tu lado es maravilloso

XXXVIII

Todo el bien llega mi ser
por estar cerca de ti,
siento tanta felicidad
que sólo quiero estar en tu compañía

XXXIX

Tu amor me ha transformado la vida
me ha hecho mejor hombre,
me pone contento, me pone feliz,
para hacer en mi pecho el sentimiento grande

XL

Salto de alegría, mi vida,
en todos los momentos pienso en ti,
en tus cálidas caricias
y en tu dulce corazón

XLI

Me llenas de sentimientos buenos,

me haces bien y eres especial;

con todo tu ser, todo tu encanto,

todo lo que puede ser en el amor

XLII

¿Por qué te amo tanto?

me hace tanto bien

que me hace feliz,

me alegras mi vida

XLIII

Estoy como un tonto y como loco

enamorado de ti;

y te digo algo más

feliz, mi amor, tú me haces

XLIV

Hoy, vida mía, te siento

muy adentro de mi ser;

viva este Amor de los dos;

eres y siempre será la más bella bendición

XLV

Oye mi bonita,

ten presente que estoy enamorado de ti;

de mi parte, doy mi gran amor

que nació para ti

XLVI

Con la alegría de mi alma

soy capaz de llenar tu corazón de felicidad;

tú has hecho florecer en mi ser

la bendición del primer día

XLVII

Mi vida la cambiaste

todo para muy bien;

cuando me miras

el sentimiento de amor se despierta

XLVIII

Por amarte mucho más, mi bonita,

tú eres mi motivo para poder cantar,

siendo que te necesito

como el aire que respiro

XLIX

Para ser feliz...

sólo te necesito a ti,

muy enamorada, contenta, alegre

y dispuesta a entregarte en el amor

L

Te escribo con la pasión de mi ser

para que tú sepas que soy completamente tuyo;

la vida tengo para darte con el corazón

y si te doy amor es bendecido por Dios

LI

Quién hubiera pensado que tú

serías el amor de mi vida,

lo que yo esperaba,

lo que tanto necesitaba

LII

Tu eres lo que necesito,

no hay nada más,

no nada más hermoso

para que disfrutemos nuestro amor

LIII

Te invito a amarnos,

con el sentimiento puro,

pero también verdadero

que nos lleve hasta el cielo

LIV

Mis sentimientos te los doy,

en un día como hoy,

te entrego mi corazón

para que lo ames plenamente

LV

Porque tú me haces feliz,

tengo mil y un pretextos para verte;

y querer estar a tu lado

todos los días juntos en el amor

LVI

Un amor que nos lleve,

muy tomados de la mano

hacia el infinito

nos dará la felicidad

LVII

Contigo quiero caminar
por los senderos del amor,
y a cada paso, poder darte
muchos besos y abrazos

LVIII

Amor tiene mi corazón
para dártele a ti con ternura,
porque tú lo pones tranquilo,
contento, feliz, alegre y en completa paz

LIX

Vivo pensando en ti,
en tu presencia, que estás a mi lado;
te tengo muy adentro de mí,
te amo muchísimo

LX

Tu voz y tu amor me sostiene
al despertar siento la emoción
de ser tu amor hasta el infinito
querer siempre amaste

LXI

Pensar en ti es lo agradable de la vida
que llena mi corazón de amor
que me conduce a ti
en la alegría más hermosa

LXII

Ni el lugar, ni el tiempo,
importan cuando estoy a tu lado;
porque para darle a la vida más color
solo se necesita nuestro amor

LXIII

El sentimiento bello
que brota desde mi corazón
quiere hacerte sonreír, cantar y soñar
con una nueva vida de felicidad

LXIV

En definitiva… que tú seas feliz,
es lo que mi corazón anhela;
todos los motivos para vivir
me lo has dado tú

LXV

Al entregarme todo tu amor,

la felicidad quiero buscar a tu lado

de la dulce y suave manera

para amarte por siempre

LXVI

La alegría y la emoción

llegan a mi corazón al ver tú sonrisa,

que te des mucha prisa

porque te necesito a mi lado

LXVII

Mi Corazón enamorado

entona las canciones

que sale de la inspiración

que tú ha generado

LXVIII

Todo este amor se inicia

con la más bellas de la sonrisas;

para querer siempre estar contigo

en las buenas y en las malas

LXIX

Para hacer este mundo más bello
tú alimentas a mi corazón;
de la manera más tierna
que haces feliz

LXX

Te extraño, mi vida,
te siento dentro de mí,
eres la alegría y
la bella sonrisa para mi vida

LXXI

Mi bonita y mi vida:
me siento muy bien con tu amor
es lo que me hace feliz es ayudarte
en los quehaceres de la casa

LXXII

Tengo tanto amor para entregarte
que es un río caudaloso
todo que siento en mi pecho
para hacerte feliz, para hacerte sonreír

LXXIII

Te amo mucho… mi amor…. mi vida

no puedo ocultar

que estoy enamorado de ti

siento mi corazón alegre por tu presencia

LXXIV

Todo lo que siento se expresa

en las palabras más dulces

que salen de mi corazón

para hacerte mía para siempre

LXXV

Despertar y besarte

me da la gran felicidad;

tenerte en mi vida

hace que sea más bella

LXXVI

Sentir lo que siento

no es casualidad;

Dios creó el amor puro y verdadero

y nos juntó para que nos amaramos

LXXVII

Te amo y quiero cuidarte,

hacer que seas feliz,

darte mucha dicha

y alegrarte el corazón

LXXVIII

Hacer que esa sonrisa,

tan bella y esplendorosa,

que tienes en todo momento salga

es lo que me da felicidad

LXXIX

Tu sonrisa es mi alegría

sin ella lo que haría sería

lo que sea para que nuevamente

la tuvieras en tu rostro

LXXX

A tu lado siento la tranquilidad

y el sentirme amado por ti

eso hace que me preocupé por ti

y quiera consentirte

LXXXI

El mundo es más feliz
cuando estoy a tu lado;
tu sacas lo bueno dentro de mi
la alegría, el baile, la emoción....

LXXXII

Te amo... eso está muy claro
me haces muy feliz
por eso te busco, te pienso
y siempre quiero estar a tu lado

LXXXIII

Alegría y tranquilidad,
lo que encuentro dentro de tus brazos;
me encanta estar contigo
porque me lleno de mucha felicidad

LXXXIV

Tus abrazos me hace sentir
que realmente soy amado
por la más buena de las mujeres
que me brinda su amor pleno

LXXXV

Te amo, te amo, te amo, te amo, te amo;

tus besos son deliciosos,

me saben a vida hermosa,

a melocotón y a piña madura

LXXXVI

Te amo, mi vida

quiero decirte una sola cosa sencilla:

lo quiero todo, todo, todo, todito

y totalmente todo lo quiero contigo

LXXXVII

Eres la vida alegre

que me hace tanto bien;

mi vida linda y mi cosa bella

soy vida por ser tu vida

LXXXVIII

El fuego del amor me satisface…

total… estoy muy enamorado de ti,

tu amor me tiene feliz y muy contento,

eres la luz que me da la vida

LXXXIX

Tu mirada me dice que el amor es grande,

no dejo de desear tu amor,

lo mejor que tengo

¡que viva, viva el amor!

XC

Todo el tiempo que estamos juntos

me hace sonreír y sentirme libre;

te amo, mi vida, eres linda y muy hermosa,

contigo he conocido el verdadero amor

XCI

No tengo palabras para decirte

lo que siente mi corazón

las palabras que salen ese momento son:

te amo, mi vida… Te amo mi vida

XCII

Besar tus labios me hace feliz

pero más lo que soy cuando me abrazas

y me das tu querer y me das mucha alegría

cuando tú dices las palabras: Te amo

XCIII

Dulces palabras me salen
cuando te digo lo que siente mi corazón;
ya mi alma completa es tuya,
locamente amarte es la razón

XCIV

Besarte una y otra vez
lo que desean mis labios;
temblar al tenerte cerca, la emoción,
es muy grande cuando recuerdo todo

XCV

Juntos y muy tomados de la mano
quiero estar siempre
al darte mi amor en tu dulce compañía
quiero que seas la vida mía

XCVI

Sabes que te pienso
y que te amo también,
lejos de ti no puedo estar
porque enseguida te salgo a buscar

XCVII

Te extraño, mi amor,
y lo que hago es recordar
que hace tan sólo 5 minutos
te acabo de besar

XCVIII

Llenas mi recuerdos de alegría,
a mi corazón de una dulce esperanza,
a mi vida de mil y un colores
para buscar la felicidad

XCIX

Enamorado de ti he quedado
y enamorado seguiré de ti;
en mi corazón estás clavada
y es algo que me pone muy feliz

C

Muy contento me pone
al saber que soy tu amor
el hombre que llena
tu corazón de felicidad

Amor de ganas

El amor de Primera Sonrisa les tiene contentos, llenos de energía positiva, los hace vivir en una primavera eterna, donde las flores tienen los colores más vivos y espectaculares.

Disfrutar del uno del otro, estar siempre juntos, evitar la ausencia y buscando el querer estar frente a la brisa en una montaña muy alta y gritar a todo el mundo su amor.

Levantarse con ganas de verse, con el corazón ardiente de deseos por amarse, por sentir a piel a piel; con el inevitable impulso de besarse y con las ganas de expresarse con las palabras más lindas que se aman.
.

Centuria XIV

Me haces falta mi amor

"Me encanta todo lo que me dices... me encanta, me encanta, me enamora más. Y sabes... cómo esas cosas me llegan muy muy muy muy adentro de mi corazón... me gusta... me gusta mucho todo eso que me dices hace sentirme tan querida, tan amada por ti.... Es espectacular... y yo también te amo mi vida... Te amo mucho muchísimo, te pienso te extraño... si... estoy loca por ti también.

Tú me haces feliz... me haces feliz... cómo me tratas, como comes, como ríes, como camina... todo, todo... todo me gusta de ti.... tu sonrisa... Me encantas, me gustas... te amo, te amo, te amo.

Oye mi amor... Yo escucho tu voz y me provoca como a ti tenerte cerca y abrazarte y darte muchos besitos... me provoca tenerte cerca y abrazarte... ese sentimiento de querer tenerte cerca.... te amo mi amor y te amo montononon.

Si mi amor... Te amo, te amo, te amo mucho mucho, mucho, mucho, mucho y mucho... me haces muy feliz, mi vida, mi cosa bella, mi papasito hermoso.

Amor a primera sonrisa. Volumen 2. Centuria XIV

Yo también quiero tenerte en mis brazos… yo también te deseo y también quiero verte. Me hace falta… me hace falta estar contigo… me hacen falta tus besos, tus caricias, que me consienta, que me acaricie… todo me hace falta…. me hace falta tu boca…. me hace falta de verdad."

Miyaled

I

Quiero decirte
entre nosotros el amor empezó fuerte
y sigue creciendo cada día más
apunta de besos, dulzura y pasión

II

Mi corazón te ama de manera diferente y concreta
así entregarte en cada beso,
en cada abrazo, en cada momento
vivir la felicidad, en ti tengo, toda la esperanza

III

Para ti todo mi amor, mi cariño y dulzura;
eres una bella flor qué tendrías
7 colores para darme la combinación perfecta
de todos los colores de la vida

IV

Te amo y sabes que así
pienso en ti muchísimo
y eso también lo sabes
que me muero por ti, eso también

V

Tocar tu mano y acariciarla mucho,
consentirla, besarla,
tenerla entre mis brazos
es lo que sale de mi corazón

VI

Tu sonrisa la primera
que anunció todo lo que siente por mí
un amor lindo un amor bello
que ha nacido entre nosotros

VII

Un amor de los dos
que es tan grande y hermoso,
para darte muchos besos
es lo que mi corazón quiere

VIII

Besarte mucho, abrazarte,
es lo que quiero;
que tanta dicha y tanto amor
entre los dos va a ver

IX

Todos los rincones de mi alma

están cubiertos por tus recuerdos

y con cada uno de tus suaves besos

para lo que dentro de mí esté tu bella sonrisa

X

En mi mente está escrito

como impronta imborrable

tu nombre y cada uno de los momentos

de amor compartidos, vida mía

XI

Te amo mucho en la ternura,

la tranquilidad y el deseo...

todo eso lo encuentro en tus besos

y en tu hermoso amor

XII

La vida la encuentro feliz

porque cada momento compartido

es alegré y fabuloso

para la felicidad tenerla para siempre

XIII

Un amor de fuego eterno

eres para mí;

tu presencia no me deja estar sólo,

a mi corazón lo mantiene enamorado

XIV

Disfrutando de tu presencia

al ser correspondido por ti

eres el amor de mi vida,

nunca he de dejarte

XV

Cariño mío, te amo…

me ha llegado alegría a mi alma

y a ti una sonrisa en el rostro

porque estamos amándonos desde ese primer día

XVI

Mi corazón anda contento y feliz

por tener todo lo que tú haces por mí;

se llena mi alma de tanta alegría

que se desborda en expresiones hacia ti

XVII

Tus besos apasionados

y también los tiernos

tenerlos en este instante

para sí probarte que mi corazón te ama

XVIII

Plenamente te ama,

sin duda, mi corazón enamorado

también está fascinado

de tu mirada y de tu sonrisa

XIX

Para amarte más allá de tu sonrisa

necesito tu ternura, tu comprensión

y estar siempre a tu lado

haciéndote muy feliz

XX

La felicidad la disfruto

sólo cuando me encuentro contigo;

porque son muy hermosos los momentos

que pasó a tu lado viviendo feliz

XXI

En una alegría sabrosa
has trasformado mi vida;
te amo de manera indiscutible
en cada día de mi vida

XXII

Tu sonrisa la primera,
la que me ha llenado todo mi ser
de felicidad, de alegría y
la que me mantiene contento tus besos

XXIII

Vivo con tanta alegría,
una vida en un y mil bendiciones;
que este amor grande que genera
un inmenso corazón alrededor nuestro

XXIV

Te amo, sencillamente y lleno de vida
porque alegre nace un sentimiento fuerte
del amor que siento por ti
para hacerte muy, pero, muy feliz

XXV

No sé cómo nació este sentimiento

tan hermoso de amor por ti;

no importa ya, lo acepte

porque te amo vidita mía

XXVI

Quiero que entiendas

que te amó intensamente,

que no puedo dejar de pensar en ti

eres mi bonita, mi consentida

XXVII

La mujer que amo con un corazón

de semblante sonriente;

he de amarte y consentirte

porque la vida me has transformado

XXVIII

Eres el sueño hecho realidad,

en el camino hacia la felicidad;

en tus brazos y en tus dulces besos

encuentro la dicha y bendición

XXIX

Te amo, mi linda hermosa,
el placer a tu lado
en una noche de luna llena
con tus besos se derrama la alegría

XXX

Somos los dos mitades
de un mismo ser
que al estar juntos
en el corazón florece el amor

XXXI

Al darme la primera sonrisa
arde mi corazón por ti;
todo lo quiero contigo
porque tú eres mi vida

XXXII

Todo lo que siento
es fuerte en mi corazón,
sólo sentimientos grandes
de un hermoso y pleno amor

XXXIII

Hacia el infinito
te he de llevar
te lo aseguro,
muy pronto será

XXXIV

Tu presencia es la alegría
que me hace latir el corazón
al son de tus caricias
para hacerte muy feliz

XXXV

Todas las ganas tengo de cantar,
de bailar y de soñar a tu lado;
siempre enamorado vive hoy mi corazón
y siempre estar así, lo que quiere

XXXVI

Mi ser no puede vivir sin amarte,
mi vida es la más linda
porque le das la sonrisa hermosa,
tú sólo el amor que me das se refleja en ella

XXXVII

Cosita linda, cosita bella:
tus dulces besos llenos de ternura,
alegría y de pasión
son los que me enamoran

XXXVIII

Todo mi ser suspira por ti
mi vidita linda,
ya no puedo estar sin tu calor
alejarme de él no quiero

XXXIX

Es sencillamente maravilloso
tenerte en mi vida,
porque me pones muy alegre,
haces bailar a mi corazón

XL

Todos los momentos a tu lado
representan la inspiración sagrada,
que nace de ti y para ti,
en este amor puro y verdadero

XLI

Todo mi corazón me lo ha robado,
quiero ser todo para ti,
así como mil y un colores se colocan
en cada esquina cuando estoy a tu lado

XLII

Eres muy hermosa,
mi bonita linda;
tenerte como amor
es lo más grande de la vida

XLIII

Todo nuestro amor se irradia
a todos lados, a todas partes,
allí donde hemos estado
expresándonos nuestro amor

XLIV

Porque el amor ha conspirado
para que seamos felices
y siendo un sentimiento hermoso
el que sentimos y nos merecemos

XLV

Siento dentro de mi tu amor

y es un amor tierno, maravilloso,

hermoso dulce y limpio

que nos acelera el corazón

XLVI

Gracias por sentir todo lo que sientes

tú no sabes cuánto te necesitaba

y yo tampoco lo sabía,

solamente me di cuenta cuando me diste tu amor

XLVII

Muy dulce cuando sonríes,

tan tierna cuando me amas;

eres lo más lindo, más que una rosa

que acaba de florecer

XLVIII

El amor hacia que te buscara,

qué te esperara, que te enamorara,

que te pensara… y al fin, que te amara

como ahora también lo hago

XLIX

Cada vez que me besas
me das una parte de tu alma enamorada,
donde tu amor lo siento muy dentro de mí
y has cambiado mi vida para bien

L

El tiempo sólo es tiempo en tu presencia,
nada es igual cuando estás a mi lado;
todo brilla alrededor
y nuestro corazones están en la felicidad

LI

Puedo ser feliz contigo
con todas las cosas que me brindas,
se llena de mil colores la vida
que tú conviertes en mi eterno pensamiento

LII

Solo con pensar en ti
tengo la alegría
que me hacía falta,
la que me hace amarte

LIII

Lo que pienso, no lo controlo
ya que eres la dueña de mi ser;
en toda esquina y en cada lugar
donde expresamos nuestro amor

LIV

Te amo en definitiva,
la alegría del corazón,
el encontrarte a mi lado
no dejo de sentir cosas buenas por ti

LV

Puedo ser feliz contigo
con todo y cada una
de esas cosas maravillosas
que me brindas al amarme

LVI

Porque espero con ansias
tus dulces besos;
con el desespero, espero estar
en tus abrazos y recibir tu amor

LVII

Tus dulces abrazos

lo que me enamora,

lo que me llevan hasta el cielo

es estar dentro de tí

LVIII

Te extraño, te pienso mucho...

la mejor inspiración nace de ti

por el amor que me ha brindado

desde tu alma y corazón

LIX

Eres una bella mujer

que me ha hecho tanto bien;

la vida me has transformado

en una buena sencilla y feliz

LX

Tan sólo por amarte...

ya te extraño y te pienso mucho,

necesito tiempo para amarte

porque nuestro amor es un amor tierno y bello

LXI

Todo en tus caricias me hace feliz;
feliz más me hace estar entre tus brazos
y sentir tu cuerpo junto al mío
cuando nos expresamos es amor de los dos

LXII

La más bella de las noches
es cuando tengo todos los besos tuyos,
llenos de pasión y la tierna mirada
que se nota cuando me amas

LXIII

Como no sentir tu amor,
si lo percibo en tus besos,
si lo noto en tus abrazas
y en tus gestos está siempre

LXIV

Sentir tu amor así, es maravilloso;
amado por ti, lo que tengo;
así como me amas es
la sensación que me lleva al cielo

LXV

Los tiernos momentos
los paso en tu presencia,
dándome el amor sin medida
con las caricias más tiernas

LXVI

Tu amor hace que todo a mi alrededor
sea más bello y hermoso;
tú lo has transformado,
al brindarme todo tu amor

LXVII

Mi mamacita linda, tú eres mucho más
que lo que tengo en mi corazón;
eres el amor y el verdadero
que me da la felicidad

LXVIII

Tú has conquistado mi corazón
de una manera única y especial,
al aparecer en mi vida
todo lo has cambiado

LXIX

Has llenado mi corazón
de sentimientos tan buenos
y al amarte puedo decir
que al fin soy feliz

LXX

La alegría y felicidad
ha ti ha llegado
porque ya me estás amando
de manera gigante

LXXI

Desde que llegaste a mi vida
todo ha cambiado,
es luminoso lo que has hecho
al darme todo tu amor

LXXII

La vida se llena de alegría
cuando me entregas tu amor;
te ves sonriente cuando
expresas todo lo que llevas dentro

LXXIII

Cuando me amas

lleno de vida me siento

y de manera fácil

sacas lo bueno que hay en mí

LXXIV

A tu lado acostumbro sonreír,

suelo andar contento y alegre,

lleno en el corazón de tantas cosas buenas

que me haces vivir muy feliz

LXXV

Tus dulces labios

yo lo quiero besar,

yo los necesito y quiero

sentir tu piel sobre la mía

LXXVI

Mi corazón te reclama,

verte lo necesito ahora;

siempre ten en cuenta que mi amor,

te lo doy con mi corazón lleno de él

LXXVII

Para amarte sólo existe una sola razón

y todo empezó con la primera sonrisa

que me enseñó amarte cada día,

más todo lo tuyo, me hace falta muchísimo

LXXVIII

Tus besos, tus abrazos, tu compañía…

me hacen falta

todo porque te amo,

ya eres parte muy importante de mi vida

LXXIX

Una y otra vez te quiero besar

porque amor es lo siento en todo mi ser,

un amor que nos hace tanto bien

que nos lleva hacia la felicidad

LXXX

Siento gozo con tus caricias

porque todo este amor es alegría;

escrito con tus infinito besos

y color con tus bellos abrazos

LXXXI

Tomarte de la mano

yo quiero en todo momento,

para llevarte a la felicidad

del buen amor qué nunca nos ha de faltar

LXXXII

No soltarte jamás,

la pasión entre los dos es espectacular,

y sabemos que es amor el uno al otro

el que nos tenemos

LXXXIII

Cada día siento

que te amo muchísimo más;

el sentimiento que tengo por ti es bueno

y me hace muy feliz

LXXXIV

Te pienso y los Bellos recuerdos

llegan a mi mente,

los que vivido contigo

los que me han hecho muy feliz

LXXXV

Caminando anoche miré las estrellas
pero las más hermosas no son como tú;
tú eres más bella, más hermosa
ninguna tiene el brillo que tú tienes

LXXXVI

Yo te amo sin duda ni lugar,
sin presión, tan sólo por ser tú
ha nacido este sentimiento bello
que nos une hasta el infinito

LXXXVII

Mi amor… te advierto:
tengo muchas ganas de besarte
y tenerte entre mis brazos
para que toques el cielo con mis caricias

LXXXVIII

Vida mía, hoy te digo:
que deseo muchísimo tus caricias,
también tus besos esos apasionados
para estar contigo toda la vida

LXXXIX

Estar dentro de ti

me enamora;

solo pensarlo

emociona a mi corazón

XC

Juntos con el amor

y en el amor hacia el infinito

siempre estaremos

porque ha si está destinado

XCI

Ten presente que sacas enseguida

todo lo mejor que tengo

cuando me consientes, al besarme

con ese gran amor que tú me das

XCII

Sed de ti tengo

en todo momento;

toda la pasión

que derrames en mi

XCIII

En mi vida quiero que estés
sin tener nada que ocultar,
porque en mi alma estarás siempre
amándome con todo tu corazón

XCIV

Es hermoso todo lo vivido contigo…
todo es alegría y la sonrisa
sale a recordar todos nuestros momentos
llenos de amor y de pasión

XCV

Te amo y estoy tranquilo…
eres la luz hermosa de mi corazón,
que me estremece el alma
y me hace feliz sólo con tu bella sonrisa

XCVI

Te amo con la fuerza de mi corazón…
te amo… sólo sé eso te amo,
mi amor, lo que siento aquí dentro
es el más puro amor

XCVII

Te amo por cómo eres

y te amo mucho porque

cuando estoy contigo

me das la paz, el amor y la felicidad

XCVIII

Sabes que he descubierto...

que te amo plenamente,

porque en todo momento

quiero que tengas la felicidad

XCIX

Darte muchos besos

hasta quedar sin aliento,

para ir juntos hacia el infinito

siempre, siempre, lleno de amor

C

Junto a ti encuentro

lo que no hallado

ni en el sol ni las estrellas:

un amor puro y verdadero

Contenta a tu lado

"…Eres el hombre que amo… te amo… te amo con toda mi alma, con todo mi corazón, con todo mi ser… eres el hombre que amó al que elegí para compartir mi día mi vida.

Y no te imaginas qué feliz me hace que te preocupes y me cuides, por eso te amo aún más… Tu eres lindo amor y por eso te amoo.

Gracias amor por esos bellos momentos que pasamos, no ves que felizzz me haces, me encanta tu compañía.

Morrr la he pasado muy bien contigo, muy contenta… Todos es lindo a tu lado, gracias por todo ese amor y cariño… por esto y mucho más que me das te amo demasiado

Mi amor lindo me gusto que lo hicieras… Me siento felizzz… Yo te amo infinitamente… Te amo montónnn… Mi amor lindo, amorsito corazón.

Con ese destape que tú dices, la única consecuencia que puede tener es que mi amor por ti aumente de una manera increíble

No te imaginas lo feliz q m haces, sentir todo tu amor de esa manera es superrrr… Me siento muy afortunada de que sea para mí

Ten presente que tu eres bien correspondido, mi amor por ti es inmenso, no te creas… "

Miyaled

Centuria XV

Trasformando mi vida

"…Tú también me has hecho Feliz. Has cambiado mi vida; me has dado vida, mucha vida. Eres una mujer maravillosa, linda, hermosa, preciosa por fuera y por dentro.

Has hecho cosas maravillosas en mi vida y me has hecho feliz, muy feliz. Sí, pero también has transformado mi vida; me has mejorado, me has hecho mejor hombre, me has hecho mejor persona, me has hecho de que yo pueda hacer cosas que no hacía.

Fundamentalmente me has dado ilusión, me has dado luz, me dado un montón de cosas…. Yo también te llevo dentro de mi corazón y eres una mujer linda y especial. Te amo mucho…"

Morr

I

Te amo para que seas feliz,
te amo para llenar la vida
de bellos momentos;
te amo para que vivas alegre

II

Te amo para que
el sol de cada mañana te caliente;
te amo para que
Dios siempre te bendiga

III

Ay mi amor, cómo te amo...
todo el sentimiento que nace para ti
desde mi corazón te lo expresó y te lo doy
en cada minuto de mi vida

IV

Eres una mujer hermosa,
tu voz Me hace sentir muy bien,
eres linda, quiero verte soñar,
como verte dormir en mis brazos

V

Por Amarte, soy lo que soy:
un sentimiento puro,
más allá de lo verdadero,
entregado de mí para ti

VI

Estar a tu lado
y ser tu marido,
hace que mi corazón salté
de emoción suprema de amor

VII

Cuando te colocas a dormir
sobre mí, en mi pecho
qué fascinación,
qué cosa tan linda

VIII

Las palabras para decirte
que me siento feliz a tu lado,
que soy libre, que soy importante
salen dulces, porque estoy a tu lado

IX

Porque tú me das la tranquilidad,

tú me das la paz,

tú me das la alegría

tú me das todo

X

Tú me das el amor,

y tantas cosas lindas y bonitas

qué genera sentimientos felices:

te amo, mi amor

XI

Si, en verdad, te amo;

y te amo muchísimo,

las palabras salen solas

desde mi corazón

XII

Mirar tus bellos ojos,

mirar como caminas,

mirar tu cuerpo…

todo eso me enloquece

XIII

Me fascina, me gusta
todo de ti;
toda esa parte que tú tienes,
todo eso lindo, todo eso precioso

XIV

No dejo de pensar en ti,
ni un solo momento;
estás dentro de mí
y eres parte importante de mi vida

XV

Junto a ti me siento genial…
me siento supremamente bien;
¡qué alegría ser tu amor!
todo para ti, amor de mi vida

XVI

Ten presente que yo quiero
compartir mi vida siempre contigo,
tenerte a mi lado… eres bellísima
tan chévere es estar a tu lado

XVII

Mi amor, sabes que te amo,

que eres la mujer que me hace sentir

mariposas en el estómago,

que me pone a pensar feliz

XVIII

Tu amor me alegra la vida,

me hace pensar que hay un mañana,

que me hace renacer…

juntos y a tu lado

XIX

La verdad, me gustan tus palabras,

me gusta cuando me escribes,

me gusta cuando me hablas,

me gusta también, cuando escucho tu voz

XX

Me gusta tu comprensión,

me gusta tu mirada,

me gustan cada una de tus cosas…

me gustas toda tú

XXI

Sólo necesito de tu presencia
para estar alegre;
realmente soy feliz contigo...
te amo, mi vida

XXII

Todo este sentimiento
que llevo dentro de mí,
que lleva mi corazón y mi ser
es lo mejor de mi vida

XXIII

No puedo dejar de pensarte
ni tampoco estar lejos de ti;
por eso necesito siempre
de tu dulce compañía

XXIV

Necesito siempre de ti
y me hace que tener lleno
el corazón de mucha alegría,
y querer vivir la vida contigo

XXV

Mi sentimiento es bueno,

para la mujer más bonita,

la que llena mi corazón

de la felicidad infinita

XXVI

Quiero decirte que mi amor

es por ti es para ti

que lo que en mi pecho está

nunca se podrá borrar

XXVII

Quiero que sepas

y que te des cuenta

que mi corazón late

por ser tu amor

XXVIII

El amor que me das

es lo mejor de la vida,

así también, escuchar que me has elegido

para compartir tus días

XXIX

Con todo el sentimiento
que tengo dentro que identifica
a cada uno de mis poemas para ti
que han nacido para ti y por ti

XXX

La tranquilidad yo siento en mi pecho
cuando estoy cerca de ti
no puedo evitar sentirme bien
tampoco evitar estar alegre

XXXI

No puedo pasar mucho tiempo sin ti,
quiero estar contigo;
mi mente y mi cuerpo
me pide que esté a tu lado

XXXII

No quiero que olvides que yo te amo...
que este sentimiento
que lo que siento todo mi corazón
que tú te lo has ganado con sonrisas

XXXIII

Toda mi vida

yo la daría por tu amor,

ten presente y en la mente

que soy un hombre enamorado de ti

XXXIV

Vida mía, la felicidad

empieza contigo, para terminar en la alegría

de saber que todo lo que hemos vivido

es para ser felices el uno con el otro

XXXV

Tenlo presente, muy presente

lo que guardo acá en mi pecho

es la dulzura del amor para ti,

y que la amo profundamente con toda el alma

XXXVI

Te amaré toda la vida

con una luna de miel y

una tarima llena de sentimiento

en la expresión de mi amor

XXXVII

Lejos mi pensamiento

se va contigo

para hacerte feliz

con la naturaleza esplendida

XXXVIII

Porque cuando tú me sonríes

la vida me cambió

y tengo el amor a flor de piel

llenando mi corazón de tu amor

XXXIX

Te digo que eres genial,

tierna e Importante

que me haces feliz

con las pequeñas cosas

XL

Que me gusta tenerte…

que me gusta mirarte…

que me gusta tu sonrisa…

que me gusta tu caminado…

XLI

Me gusta todo

me gusta tu sazón

me gusta tu arroz de palito

me gustas tú

XLII

Cómo me haces falta

y ten presente de que en todos

y cada uno de los momentos

me has hecho muy feliz

XLIII

Eres una mujer maravillosa,

una mujer sencilla y maravillosa

que me ha brindado su amor

y la de sentimientos hermosos

XLIV

Todos y cada uno de tus besos

son los que me llegan alma,

siendo lo más bello que yo siento

al estar entre mis brazos

XLV

Tu amor me hace estar tranquilo,
tu mirar, la cosa bella
de tu rostro, la sensación
que me hace amarte más

XLVI

Todo por tu sonrisa,
y de tu preocupación por mí,
así seguir contigo adelante
para amarte cada día más

XLVII

Te amo y en tus brazos
encuentro las la vida hermosa,
llena de alegrías y momentos sosegados
para buscar la paz interior

XLVIII

Cada día que pasa
el amor de mi pecho
es más grande y hermoso,
feliz de sentirlo

XLIX

Lo mucho que te extraño

es lo que siento y mirarte a los ojos

y brindarte todo en mi amor

es lo que yo más quisiera

L

Mi anhelo, desde siempre,

es lo que siente mi corazón;

porque yo lo he pensado mucho

y quiero estar siempre a tu lado

LI

Tu compañía y tu querer,

sí mucho y bastante, lo quiero ya,

sin poder medir el tiempo,

la distancia ni nada que se pueda medir

LII

Porque puedo sentir que tú

estás aquí en mi corazón;

y en tu alma se denota

los sentimientos hacia mi

LIII

Cálidos tus sentimientos
que llegan a mí;
ya te has ganado mi corazón,
de ti me he enamorado

LIV

Que cosa tan bonita ha pasado
con tu amor dulce y tierno,
el corazón has conquistado
y el alma me has trasformado

LV

La felicidad la encuentro en ti
al estar al lado tuyo,
solo eso es lo que necesito
para alegre vivir

LVI

Has germinado, tan dulcemente
un sentimiento fuerte,
muy fuerte e indescriptible;
que pasó pensando en ti

LVII

Yo pienso en ti
mientras mi corazón se llena
de sentimientos dulces
y emociones de felicidad

LVIII

Desear estar a tu lado
la condición de la vida,
para que sea más bella cada día
juntos en este amor

LIX

Realmente me dado cuenta…
que me haces sentir vivo,
que me hace sentir feliz,
que me hace sentir la felicidad

LX

Tu amor solo existe
que me olvido de todo;
porque una sonrisa tuya puede más
que toda la hermosura del mundo

LXI

No sé de qué manera pero fue así,
tan sólo fue darte mi amor
para que la multiplicar por mil
y un millón de veces más

LXII

Para convertir todo en felicidad
sólo te necesito a ti,
con ese inmenso amor que se genera
al estar junto los dos

LXIII

Querer tu compañía, querer tu sonrisa,
querer que siempre estés bien,
querer muchísimas cosas buenas para ti,
no lo puedo evitar y lo mejor: te amo

LXIV

Que me haces sentir supremamente feliz
porque todo mi amor ya lo tienes
y un solo abrazo tuyo
me hace estremecer

LXV

Como ya sabes...
me haces feliz bastante,
me haces sonreír alegre
con emociones en el corazón

LXVI

Quiero en verdad
un abrazo tuyo,
muy dulce y tierno
porque soy feliz abrazándote

LXVII

Qué cosa es lo más lógica
que yo quiera brazo tuyo
porque abrazándote soy feliz
para darte el amor de manera inmediata

LXVIII

Tú también feliz eres
al brindarte mi amor,
en la pasión de mis besos
y eso me hace más feliz

LXIX

Más que mi mujer
eres mi bendición,
la que esperaba mi corazón
al Dios de los cielos

LXX

Mi alegría, mi felicidad
eres tu mujer linda,
mi preciosa cosa bella
la que amo con el alma

LXXI

Dios bendice este amor,
y yo te devuelvo a ti
la bendición dulce
que tú me has brindado con tu amor

LXXII

No sabes cuánto te amo...
que te siento aquí dentro...
es algo supremamente indescriptible
este sentimiento que abrigo por ti

LXXIII

Todo este grande amor
me motiva hacer muchísimas cosas buenas,
a sentir las gratas emociones
en todo mi ser por ti

LXXIV

No es raro que me haga falta
escuchar tu voz, estar a tu lado,
sentir tus besos, tener tus abrazos...
porque sin ti no puedo estar

LXXV

Aunque sean pocos minutos
los que paso lejos de ti,
son muy largos llenos de ausencia
porque me haces mucha falta

LXXVI

En verdad, lo que quiero,
es que seamos felices juntos
demostrando a cada instante
todo este amor que sentimos

LXXVII

Con las cosas cotidianas
te has ganado mi amor,
más yo te lo había dado
entero desde hace rato

LXXVIII

Tu sonrisa me motiva
a buscar tu felicidad,
porque la mía es
hacerte feliz

LXXIX

Te extraño, te extraño mucho
porque tú eres la luz y la alegría
que le dio vida a mi vida
al estar amándome así

LXXX

Todas las cosas buenas que me brindas
las recibo con amor pleno
porque eres mi bello presente
y la proyección de mi futuro

LXXXI

No te creas que en ningún momento
que no he pensado en ti,
que no te he tenido en la mente
ni en el corazón

LXXXII

Todo el día te he tenido
muy presente en mi mente
porque están dentro, muy dentro,
de mi corazón

LXXXIII

Porque en ti tengo la esperanza
eres la luz del renacimiento
que me hace feliz y sonreír
eres la persona y el amor que me da vida

LXXXIV

Eres la intención buena
que desea mi ser,
para tenerte como presente
y muy juntos en el futuro

LXXXV

Eres el gozo que me hace soñar,
que me hace sentir maravillas,
que me hace vibrar a mi corazón
por todo ese amor que me das

LXXXVI

La paz y la tranquilidad
me la das tú con tu trato,
la pasión y entregándome tu amor,
en cada instante de tu vida

LXXXVII

Contigo soy lo que puedo ser,
soy verdaderamente yo;
puedo sentir cada palpitar
de tu corazón enamorado

LXXXVIII

Cada respiro tuyo lo puedo sentir,
también el amor que sientes por mí;
a endulzarme la vida viniste
para que me enamore de ti

LXXXIX

Eres lo que ha venido y me ha llevado

por el sendero que conduce a la luz

para hacer muchísimo feliz

a este hombre enamorado de ti

XC

No te creas

tú eres la culpable

de que yo tenga alegrías,

risas y bellos momentos

XCI

No te hagas… que tú…

eres tú me has hecho feliz

si lo reconozco en cada segundo,

en cada pensamiento, te estoy amando

XCII

He renacido en ti

porque la vida es diferente;

las canciones más bellas

le cantan a nuestro amor

XCIII

Para proyectar todo aquello positivo,
tu amor me da tu sonrisa,
aquella primera, que es mía,
que me ha hecho soñar y sentir

XCIV

Cuando río y cuando disfruto
contigo todo esos bellos momentos
mi corazón desea la vida
una vida junto a ti

XCV

Las cosas que paso contigo
no los cambio por nada,
porque contigo puedo ser quien soy
al amarte plenamente

XCVI

Cada día tu amor me hace mejor,
mejor en todo y me siento bien;
aquello lo ha logrado
sencillo con tu amor

XCVII

Tan linda preciosa, bella y hermosa

eres para mí, amor de mi vida;

no tengo palabras para decirte

que mi corazón te ama siempre

XCVIII

Eres parte de mi vida,

y te pienso todo el día,

sorprendiéndome porque

casi siempre pienso en ti

XCIX

Necesito tu compañía

y tu cuerpo también,

porque cuando estoy a tu lado

me hace feliz tus abrazos

C

Tus palabras me llegan

al alma y estremecen mi ser,

queriendo ver siempre

tu sonrisa al amanecer

Siento felicidad

"…Gracias en este día… te agradezco amarme, por ser mi amor, por ser esa mujer tan linda como tú eres… por cada abrazo que me has dado, por cada beso, por cada una de tus miradas, por cada una de tus caricias… me has hecho sentir muy feliz… quiero siempre estar a tu lado.

Quiero ser todo para ti: Quiero poquito a poco ser esa persona que te acompañe en todos los momentos de tu vida… ser tu aliciente, ser tu compañía, ser la persona que te pueda dar un buen consejo… en quien puedas apoyarte, ser tu hombro, ser tu amor… ser mucha cosa para ti… y tú también, lo seas para mí.

Indiscutiblemente yo te amo, y siento cosas maravillosas por ti. Tengo muchos pensamientos hacia ti; todos son muy bonitos que le hacen de este corazón que está muy enamorado por ti, mi vida.

Me haces mucho bien y te amo un montón. Eres mi anhelo y tú lo has cumplido al amarme… no sé cómo pude estar pasar tanto tiempo sin ti….

Con todo mi amor, quiero hacerte siempre feliz

porque eres una cosa linda, una bella y eres especial y hermosa.

Tu cabello me encanta, tu sonrisa también, tu caminado… recuerdo cada uno momento que hemos vivido, y en cada uno de ellos, me has dado la felicidad plena.

Estoy desesperado por ti porque me encantas, me atraes, me gustas y pienso muchísimo en ti… amor de mi vida…"

Morr

Centuria XVI

Bonitas cosas

Sentir cosas tan bonitas como las que sienten Morr y Miyaled en su amor es genial, especial y llena sus corazones de las experiencias y vivencias más fabulosas para tener en pensamiento.

Todo lo que ocurre entre ellos dos, es para volverlo a vivir una y otra vez. Porque es puro amor verdadero. Si ellos se quedaran en un ciclo eterno, elegirían vivir una y otra vez esos momentos y ser conscientes de esta repetición en forma indefinida.

Vivir locamente enamorados en la felicidad de pensarse cuando no están juntos, de desear que llegue la hora de encontrarse y vivir los mejores momentos de sus vidas

I

Me hace falta tu amor,
todo de ti también;
qué tanta falta me haces
es incalculable ese dato

II

Tú que eres lo lindo de la vida…
eres lo espectacular…
eres lo que a mi vida
le hace suspirar

III

Eres lo bueno de la vida,
porque todo mi sentimiento
lo encuentro en tus besos
llenos del más cálido amor

IV

Completamente espectacular
ser tu amor y marido,
el hombre que te hace feliz
y al que le alegras la vida

V

Tu sonrisa la tengo en mente,

y eso me hace feliz,

más allá de todo intención

el amarte es la felicidad

VI

Que me hace bien

tu mirada y tu compañía;

por tenerte muy adentro del alma

es lo que me hace muy feliz

VII

Porque siento tu presencia,

ya despertar soy feliz

porque pensando en ti

todos lo días estoy

VIII

Te pienso y te amo;

por amarte quiero estar

muy junto a ti

en el amor siempre

IX

Mi vida, mi amor

todo estos bellos momentos

que he pasado contigo

llenan mi vida de felicidad

X

Toda esas dulces palabras,

todo esos diálogos que hemos tenido

como nutren este corazón

que te ama con locura

XI

Tengo que reconocerlo…

cómo me haces sentir feliz

cómo me hacen sentir tan bien:

te amo, te amo y te amo

XII

Si no te lo he dicho sépalo:

te amo y me haces mucha falta,

todo y cada uno de los días

te estoy amando fuertemente

XIII

No te creas mi vida,
que no la amo, porqué la verdad
la tengo en la mente
y en mi corazón

XIV

Tú eres una mujer maravillosa,
tienes un corazón muy lindo
Dios también te ha creado hermosa
por fuera y por dentro

XV

Tú eres capaz de brindarme
un gran amor, la comprensión,
darme la tranquilidad
con tu tierno amor

XVI

Cada una de tus sonrisas,
cada palabra, cada caricia
hacen que el cuerpo se estremezca
y que me sienta muy feliz

XVII

Más allá de toda intención,
de todo aquello que me hace feliz
al llevarte muy dentro de mí
para contento vivir la vida

XVIII

Porque siento tu presencia,
así, al despertar, siento
querer estar a tu lado
porque eres mi amor lindo

XIX

Mi vida, mi amor...
todo estos bellos momentos
que he pasado contigo
son para llevarlos en el corazón

XX

Todas esas dulces palabras,
todas esa tiernas caricias,
todo lo que hemos vivido
nutren al amor que sentimos

XXI

Cómo me haces sentir feliz,
cómo me haces sentir tan bien;
te amo, te amo y te amo
con todas la fuerzas de mi corazón

XXII

Si no te lo he dicho…
pues sépalo de una buena vez:
que te amo con locura
y que me haces falta por montón

XXIII

Cada día, cómo llenas mi corazón
de muchísimas cosas lindas,
también de bendiciones dulces,
yo por eso te amo… ¿oíste?

XXIV

Al amarte soy feliz,
¿Qué me haces falta?… sí y mucha;
qué montón de días felices
lo que he pasado a tu lado

XXV

Mi vida, te amo inmensamente…

la pienso y la extraño;

mi corazón hace pum pum pum pum

cuando estoy cerca de ti

XXVI

Qué sensaciones son las que hay

cuando unimos nuestro cuerpos,

así acariciarte, ay qué cosa tan maravillosa

es sentir que te amo y que tú me ames a mí

XXVII

Mi amor lindo,

todo esos bellos momentos

que hemos pasado juntos

nos llenan de felicidad

XXVIII

Tú me agradeces por tanta felicidad,

por tanta ternura, por tanta pasión…

donde hay un gran amor de los dos,

porque tú me llevas dentro de tu corazón

XXIX

Sabes… todo esto es muy especial para mí,
porque siempre quiero estar contigo
y contigo lo quiero absolutamente todo,
porque todos días nuestro amor es maravilloso

XXX

Todos los instantes vividos
han sido de alegría, de risas,
de cuidados mutuos y de amor…
es simplemente la vida feliz

XXXI

Así lo siento yo:
un gran amor que ha nacido,
muy merecido y delicioso,
es este que disfrutamos tú y yo

XXXII

Tú eres una mujer maravillosa,
tienes un corazón muy lindo
Dios también te ha creado hermosa
por fuera y por dentro

XXXIII

Tú eres capaz de brindarme un gran amor,
una comprensión tierna y cálida,
darme la tranquilidad necesaria
para estar siempre en alegría

XXXIV

Al darme tu amor
me diste la vida
la más maravillosa
que disfruto con tus besos

XXXV

Tu amor ha sido bueno
para cambiarme la vida
llenarme la de alegría
y mil y un colores esta vida

XXXVI

Porque Dios bendice el amor
que tenemos tú y yo
juntos hasta el infinito
tomados siempre de la mano

XXXVII

Que me haya puesto Dios en tu camino
y a ti en el mío, le doy gracias;
más, por permitir que yo te amará
con todo mi corazón y toda mi alma

XXXVIII

Eres el amor de mi vida,
sin lugar a dudas;
me siento feliz
con este sentimiento dentro de mí

XXXIX

Te amo intensamente
desde lo profundo de mi corazón,
eso sin lugar a dudas
porque te extraño, vida linda

XL

No sabes cómo yo te amo,
cómo estoy inquieto sin tu presencia
no tengo más alternativa
que buscar tus besos y abrazos

XLI

Eres mi dulce bendición
tenlo presente, Dios lo ha dictado;
te amo con todo mi corazón
eso lo puso Dios allí

XLII

Tú habitas en mí
porque no dejó de pensarte,
no dejó de amarte, de sentir tu presencia
no dejó de querer estar a tu lado

XLIII

Vivir para ti lo que quiero,
estar siempre contigo
porque me encantas
y me haces muy feliz

XLIV

Escuchar de tu boca
las dulces palabras
que describen tu amor a mí,
me enamora más de ti

XLV

No me dejas alternativa
que de quererte besar,
de abrazarte y hacerte mía
por el resto de mi vida

XLVI

Caminar a tu lado y de la mano,
de consentirte y tenerte cerca,
de consolarte y sobre todo amarte
el resto de mi vida

XLVII

Tu y yo, la mejor combinación
de amor, ternura y pasión,
por eso Dios junto nuestros caminos
para amarnos toda una vida

XLVIII

Siento tu presencia mi corazón
te amo, te amo… mi vida
toda la pasión y el amor
es para ti

XLIX

Lo que siente mi corazón

que es grande, inmenso, bello y bueno;

feliz estoy por tenerte

muy enamorada de mi

L

En mi amor te has convertido

desde el día que me besaste,

con esos dulces labios

que enamoraron mi corazón

LI

Mi amor tú eres por ese beso,

por esa primera sonrisa,

por esas caricias

porque me diste todo de ti

LII

Junto a ti, en una montaña alta,

con la brisa al rostro,

para gritar fuertemente

y que el mundo escuche que te amo

LIII

Sólo soy un sentimiento
de amor, de comprensión,
de pasión, de besos y de pasión
nacidos para ti

LIV

Todo el amor y comprensión
que hay en mi corazón
te los pongo a tus pies
para hacerte feliz el resto de la vida

LV

Tenerte a mi lado es especial
me hace sentir genial;
vivo feliz en paz con tranquilidad
ante tu presencia

LVI

Puesto que no vivir sin ti,
todo lo que soy ahora es por tenerte
he de darte el gran amor
que almacena mi corazón

LVII

Gracias mi vida, gracias mi amor…
gracias por amarme de esa manera
que me llena de felicidad
cada rincón de mi ser

LVIII

Todo sólo con ver tus ojos
sé que me amas
y tengo ganas de vivir
toda la vida para ti

LIX

Te amo… Ese es una palabra
que llega mi pensamiento
desde lo profundo de mi corazón
del sentimiento que hay allí

LX

Mi vida, te amo con el corazón
lleno de ternura, con mi pasión,
con mi cuerpo, con todo
lo que nace bueno por ti

LXI

Puedo sentir te quiero tener
a mi lado y hacerte feliz;
no quiero dejar de pensar en ti
solamente vivir para ti

LXII

Toda mi vida
quiero besarte y
más que amarte,
el mundo por completo darte

LXIII

Porque te amo inmensamente
no te dejo de pensar,
mi vida linda, tan dulce y maravillosa
mi amor es para ti

LXIV

Tu amor que me vitaliza
y me llena de satisfacción
más que una simple ocasión
por amarte lo que yo quiero

LXV

Todo el tiempo... paso alegre

y eso me gusta... paso alegre

por tu sonrisa, por tu rostro,

por tu abrazo, por tus besos

LXVI

Lo que haces por mí, me fascina

porque eres la que origina

toda esa alegría

tú me das tanto bien

LXVII

Mi mujer linda y preciosa

siempre eres mi amor,

eres la vida hermosa

que me ha dado vida a mi vida

LXVIII

Eres lo más precioso que tengo,

eres el amor de mi vida

te amo inmensamente

mi amor no sabes cuánto te amo

LXIX

Mi vida, eres mi amor…
eres dulzura y ternura a la vez,
eres la mujer que quiero
besar porque la amo

LXX

La mujer que amo,
la mujer que adoro
todo para ti
te quiero besar

LXXI

No me puedo aguantar
tengo ganas de besarte,
también de acariciarte
todo ese cuerpecito tuyo

LXXII

Cuando te vea
no te sorprendas
que te coma a besos
y te dé dulces caricias

LXXIII

Nuestro amor no fue buscado,

más bien fue encontrado

en nuestros corazones

ellos se fueron acercando uno al otro

LXXIV

Nuestros corazones se vieron

muy enamorados de pronto,

sin más remedio, les tocó

entregarse el uno al otro

LXXV

Sin darse cuenta

nuestros corazones

se enamoraron

y viven el pleno amor

LXXVI

En nuestro amor nada será igual,

mira cómo nos asustamos

cada vez que nos encontramos

para disfrutar de la pasión

LXXVII

Cada día que pasa quiero
que te enamores más y más de mi;
porque cada mes, cada año y cada día
yo vivo enamorado de tí

LXXVIII

Mira que lo que pasa…
yo me enamoro mucho más de ti
en cada momento a tu lado,
sin ti ya no se vivir

LXXIX

En nuestro amor el camino
puede ser largo, difícil,
complicado, alegre, feliz,
pero quiero recorrerlo contigo

LXXX

Todo lo quiero contigo
y en verdad eso deseo
lo desea mi alma, todo mi ser
y arde mi corazón por ello

LXXXI

Mi mente recuerda
que el corazón se llena
de felices momentos
que tú le brindas

LXXXII

Disfruto tanto de tu compañía,
de todos las ocurrencias,
detalles y comentarios tuyos;
soy feliz definitivamente

LXXXIII

Pasamos los segundos, los minutos,
las horas y los días
en un mar de amor y de pasión...
porque así es la felicidad

LXXXIV

Lo que he vivido tu lado
es maravilloso
porque eres mi bonita,
mi bella del amor

LXXXV

Mujer hermosa, tú,
la que me pone a vivir
en plenitud, alegría
y esperanza de buena vida

LXXXVI

Porque más que darte un beso,
quiero decirte que tus besos
son los más deliciosos
si se acompañan con tu abrazo

LXXXVII

Ten presente, mi amor,
que ni la selva, ni el aire,
ni los planetas, ni una galaxia
impedirán que yo te ame

LXXXVIII

En una sola noche
yo quisiera entregarte
todos mis besos con pasión
desenfrenada de mi amor

LXXXIX

Te amo, eso es todo

lo que te puedo decir,

me llenas de una vida

muy intensa y grata

XC

Tú eres la bella historia

de amor que me da la ternura,

la paz, la alegría y lo bueno

en una felicidad muy pero muy plena

XCI

Eres lo más bonito que existe,

una criatura de Dios

hecha con su amor

para transmitir me lo a mí

XCII

Algo que me tiene

muy contento y feliz

porque cada sonrisa, beso

y abrazo tuyo, me hace volar

XCIII

Gracias a ti soy muy feliz
y he de amarte
siempre, mi vida
porque ya es igual amor

XCIV

Cada mañana doy las gracias
y la bendición de Dios
por haberte puesto en mi camino
y amarme como me amas

XCV

Estoy enamorado,
muy enamorado de ti,
por eso las palabras de amor
salen solas

XCVI

Tus versos no son míos,
quién gobierna es mi corazón
quien los dicta
para que se escriban

XCVII

La vida que tú me brindas

es buena y buena,

porque al sonreír

es expresión muy hermosa

XCVIII

La culpa de que sonrías,

de que estés contenta y feliz,

llena de cosas buenas

es completamente mía

XCIX

Cada día en que brilla el sol,

por más brillo que tenga,

no logra opacar la luz

que me das desde tu corazón

C

Tú… sí, tú… eres la mujer

con quién soñaba, la que esperaba,

la que necesitaba…

Dios me la ha regalado

Lo mejor de cada uno

Al establecer su vida juntos, compartir su amor, cada uno de ellos ha trasformado al otro, para bien. Se han mejorado así mismos, juntos en el amor.

Sacan lo bueno de cada uno. Lo mejor que llevan dentro de sí, para brindárselo al otro sin medida, sin distancia, sin lugar.

Sentir el pecho abierto y darle el frete, Miyaled y Morr se hacen felices en la vida cotidiana con la sazón de su amor. Se aman, sí, de una manera diferente, un amor bonito que genera una relación sana para vivir en la compañía, en la colaboración, el acompañamiento y en la expresiones de amor.

Centuria
XVII

Me fascinas

"Desde hace mucho tiempo me has hecho la mujer más feliz... Que te pienso y te extraño y te llevo muy dentro de mi pechito.

Oye mi amor, me encanta, me fascina, me gusta, me enamora más de ti, cuando escucho tu voz. Te amo, mi amor... Me encanta que me digas todas esas cosas. Yo también siento cosas muy bonitas, muy lindas por ti.

Tú sabes que yo te amo y te pienso, te tengo presente siempre, te tengo en mi mente... siempre te llevo en mi corazón... tú eres el hombre que yo amo, que está muy metido dentro de mí, en mi pensamiento, estás en todos lados ¿oíste?

Te amo y cada vez que escucho tu voz, me provoca tenerte cerca y darte un fuerte abrazo. Te extraño, te amo.

Ya te amo, te amo, te amo... mucho, mi amor lindo, lindo, lindo, pechocho. Muchas ganas de verte, de que llegue la noche para poder verte. Tengo muchas ganas de verte, de que sea fin de semana y poder tener en la casa todo el tiempo.

Mi amor, te amo mi vida… te amo mucho… No lo dudes… me encanta que me escribas… vuelvo y te lo repito, me encanta, me gusta escucharte… tu, ay tan lindo, tan divino, mi amor, me haces muy feliz… muy, muy feliz."

Miyaled

I

Un regalo tan hermoso
se me ha hecho realidad
tener a alguien tan especial
que me ame como tú

II

El destino me dio
la posibilidad de amarte,
ya es una verdad
que estoy enamorado de ti

III

Tú, mi amor, estás en mi mente
en la mayoría de los pensamientos,
porque todos son para ti
y todos ellos de amor son

IV

Tú eres mi día
y también mi noche;
para robarme el corazón
con la primera sonrisa

V

Con la ternura, la dulzura,
la alegría y la felicidad
me das tu amor
para vivir siempre contento

VI

Con una felicidad
más mas profunda, más chévere,
más vital y sonriente
es estar a tu lado

VII

Porque mucha sed tengo de ti,
de tu amor intenso,
que sólo tus besos y tu abrazo
se me puede aplacar

VIII

Gritar el anhelo que tiene mi alma,
que te ama con todo mi corazón
y decirte que te amo mucho
es lo que haré en adelante

IX

Decirte que te amo,
gritar que eres mi vida,
que no puedo vivir sin ti
y que eres lo especial de mi vida

X

Soy culpable de amarte
con la locura más bella,
porque lo mejor de esta vida
es que eres mi amor

XI

Cada sonrisa tuya
llena mi corazón de la alegría,
de la ternura y sentimiento bello
más especial posible

XII

Cada minuto, hora y día
son espectaculares
desde que estás a mi lado
brindándome todo tu amor

XIII

Ahora, mis amaneceres
son supremamente deliciosos
porque tú estás en mi vida
con todo tu amor

XIV

Tu comida me encanta,
sólo quiero saborear
ese arroz de palito
tan sabroso como tu amor

XV

Mi amor, amor de mi vida:
la verdad si no te escribo
siento que me hace falta
algo en mi corazón

XVI

Si mi corazón no te expresa
lo que siente se siente mal,
se ahoga, tiene la necesidad
de poder decirte que te ama

XVII

Decirte que te amo

es lo que debo

para poder tranquilizar

a mi corazón enamorado de ti

XVIII

Expresar lo que siente

para poder estar tranquilo

y decirte lo que necesita mi corazón

que solamente es tu amor

XIX

Cuánto te amo, no lo puedo evitar,

no lo puedo contener

que mi corazón te busque

para darte mil y un besos

XX

Así que mi vida

te estaré escribiendo,

te estaré diciendo cosas

porque te amo, mi corazón lo manda

XXI

Todos esos momentos
que yo paso contigo
son felices mucho
por culpa de tu amor

XXII

Te escribo estas palabras
para decirte muchísimas cosas,
para expresarte lo que siento
de este amor que llevo dentro

XXIII

Para sentirme tranquilo,
para sentir tu amor,
porque eres muy, pero muy, especial
para mí siendo el amor de mi vida

XXIV

Así que, si combinó Yado,
que el resultado sería
el más bello y tierno
amor puro y verdadero

XXV

Ay mi amor…

tú me das mucha esperanza,

ternura, afecto, amor y pasión

por eso quiero estar junto a ti siempre

XXVI

Óyeme, cosota bella

siempre quiero estar a tu lado

porque sólo contigo

es que yo puedo ser feliz

XXVII

Ten presente, amor mío,

que si no te escribo

me hace falta algo

que sólo se alivia al escribirte

XXVIII

Porque sabes…

que al escribirte versos

es la única manera

de que tu ausencia sea menor

XXIX

Tu amor es lo que siento
frente a mí al mirar al sol
cuando me calienta,
cuando estoy pensando en ti

XXX

La ilusión de ser feliz
llega inmediatamente
al saber que estás a mi lado
con todo ese amor para darme

XXXI

Te amo, te amo y te amo
con un corazón valiente,
que quiere estar contigo,
que lo llenas de alegría

XXXII

Porque tengo, vida mía,
la pasión ardiente por ti,
porque en ti ha nacido
una nueva sonrisa que es para mí

XXXIII

Tu sonrisa alimenta mi alma
con una alegría indescriptible
porque siempre quiero estar a tu lado
y eso es lo que es…

XXXIV

Rico y delicioso
estar a tu lado
te juro que no te imaginas
cuanto yo te amo

XXXV

Juntos vamos y caminamos
en la pasión, buscaremos la felicidad
al darnos los besos
más sabrosos de esta vida

XXXVI

Quiero que tengas muy presente
que me haces mucha falta
y decirte que te amo
lo que anuncia mi corazón

XXXVII

Quiero decírtelo en todo momento,
¡que cosa conmigo! no puedo evitar
tomar la tinta y unas hojitas
para contarte lo que siento

XXXVIII

Lo que pienso y siento,
mi cosa linda, mi cosa bella
porque estás dentro
aquí en mi pecho

XXXIX

Dentro de mí, habitas…
de allí no vas a poder salir
porque yo quiero
que siempre estés allí

XL

Toda la vida buscaremos aquellos momentos
para ser felices, alegre y contento;
también sonreír y relajarse
porque yo te amo, mi vida linda

XLI

De extrañarte menos
cuando te escribo;
te amo mi amor,
te amo definitivamente

XLII

La ternura, los bellos sentimientos
que me inspiran para darte
todo ese amor que nació para ti
desde antes del ocho de septiembre

XLIII

Porque conocerte
es lo más maravilloso
que Dios me ha regalado
en esta vida

XLIV

Todas las mañanas tengo
un pensamiento muy fuerte hacia ti
lo siente mi corazón
y es de amor

XLV

Llenos de tu amor quiero darte

mis besos, mis abrazos, mi compañía,

mi comprensión, mi ternura, mi pasión

y todo lo que te pueda dar mi corazón

XLVI

Te amo en cada beso, en cada palabra,

en cada mirada, en cada gesto,

en cada abrazo, en cada uno

de los momentos que pasó a tu lado

XLVII

Porque me encanta

y quiero estar a tu lado;

tu presencia le da alegría

a la vida que comparto contigo

XLVIII

Me das una vida alegre

que pone contento mi corazón

para hacer de las cosas

lo más sabroso

XLIX

Hacerte feliz, lo que quiero

para que siempre contenta

pases la vida

al sentirte amada por mí

L

Toda la culpa quiero tener

de que saques un montón de sonrisas,

más que la alegría esté siempre

en tu alma y corazón

LI

Dios me regaló

a la más hermosa criatura

para que yo la amara

con todo mi corazón

LII

Somos una bonita pareja

que ha nacido del amor,

uno que no controla

ni las expresiones, ni lo que siente

LIII

Todos los bellos momentos
que he pasado contigo,
la verdad, sido muy felices
algo que nos merecemos tú y yo

LIV

Porque te quiero dar
la felicidad, la tranquilidad
que te brinda mi corazón
completamente enamorado de ti

LV

Porque te la quiero dar,
con ternura que nace
aquí dentro de mi corazón,
el amor que es para ti

LVI

Porque te amo vidita mía,
te doy todo de mí,
mi amor, mis caricias,
mis besos y toda mi vida

LVII

Me encanta tu comida
todo lo que haces,
me parece delicioso y lo disfruto
sé que cocinas con amor

LVIII

Tú me pones a pensar
todo el día y la noche
que lo bello
que es nuestro amor

LIX

Cuando te tengo en mis brazos
todo es la felicidad alegre
y la sonrisa aparece
en tus labios y en los míos

LX

Oye qué cosa rica
siempre quiero estar a tu lado;
te extraño, te pienso,
estar junto a ti, lo deseo

LXI

Ay Dios mío… cómo te amo

mi cosa bella,

cómo quiero estar a tu lado

para que me des tu amor

LXII

Porque yo lo quiero

que me presente

mi algo tan lindo

que tú me das

LXIII

Porque eres puro sentimiento,

puro amor y felicidad

lo que tengo dentro, allí,

de mi corazón

LXIV

Eres tú más hermosa

que la luna, más que las estrellas,

más que todo lo que existe

porque yo te amo a ti

LXV

Eres bella… más que una nave espacial,
más que un planeta, más que un sol,
más que un viaje a la velocidad de la luz…
eso de linda y hermosa, eres tú

LXVI

Eres linda, bonita y tierna,
te lo dice mi corazón,
ese que de ti, enamorado;
¡Ay mi amor! cómo te amo

LXVII

Te pienso y te extraño,
amor de mi vida…
quiero amarte sin medida,
porque tu piel la deseo

LXVIII

Siempre quiero que tengas
la sonrisa más hermosa
y para lograrlo, yo tengo
que amarte a cada instante

LXIX

Porque deseo tus besos,
deseo amarte en la tranquilidad,
con la fuerza de mi sentir
porque quiero ser tuyo siempre

LXX

Porque siempre quiero
que tenga una sonrisa,
si he de pararme de cabeza
para que de tus labios salgan

LXXI

Oye... ¿qué pasa?
siempre quiero estar a tu lado;
te extraño, te pienso...
¡ay Dios mío!, como te amo

LXXII

Cómo te pienso, como te amo...
te amo muchísimo,
cómo quiero estar a tu lado
en todo mi futuro

LXXIII

Para que me des tu amor

porque yo lo quiero;

que en mi presente, tener algo

tan lindo que es tu amor y querer

LXXIV

Tú me das felicidad,

eres puro sentimiento;

puro amor lo que tengo

dentro de mi corazón

LXXV

Al despertar y al dormirme

te tengo en el corazón,

en mi alma estás y en mi ser...

en resumidas cuentas... estoy tragado

LXXVI

Porque tu amor

me hace muchísimo bien

somos dos seres que se aman

profundamente y se complementan

LXXVII

Somos un excelente equipo
en las tareas diarias
y en el amor, lo mejor,
demostrado nuestra alegría

LXXVIII

La alegría y la emoción
llena mi corazón de la manera
mas bonita y cordial
cuando tú estás a mi lado

LXXIX

Mi amor cuando tú estás
al ladito mío:
las maravillas del mundo
salen a relucir por doquier

LXXX

¡Que viva el amor!
que viva… que viva…
que viva el amor…
sobre todo el tuyo y el mío

LXXXI

Mi amor, te digo algo:
estoy loco enamorado de ti quiero;
sentir tu amor en todo mi ser,
todo absolutamente lo quiero contigo

LXXXII

Sabes que en todo momento,
en todo instante de este día,
de todos los días, de todos los años
yo quiero estar a tu lado

LXXXIII

Porque es cuando estoy a tu lado
que puedo expresarte completamente
tal cual como soy, sin miedo
y decirte lo mucho que te amo

LXXXIV

Cómo y porqué… lo tengo claro:
me haces ser mejor persona,
mejor hombre, mejor en todo
desde que tengo tu amor

LXXXV

Sabes que lo único
que necesito para ser feliz
eres tú
mi amor lindo

LXXXVI

Eres la mujer que me ilumina
cada mañana, que me da la vida,
que me da un bello despertar
completamente en tu amor

LXXXVII

Porque estás en mi camino,
vidita mía, te amo con locura;
por sentir el amarte
con el gusto supremo

LXXXVIII

Tomados de la mano
en el camino hacia el amor
verdadero y puro
es lo que nos define

LXXXIX

La historia tan bonita de amor
es la que tenemos los dos,
para que sea la más bonita
la nutriremos todos los días

XC

Un profundo sentimiento,
inmenso, grande y amoroso
es lo que tengo para ti
desde el día en que te conocí

XCI

Tengo sed de tu amor;
sabes no puedo dejar de pensar
de cómo comparto contigo,
de cómo te amo

XCII

Me haces muchísima falta…
tu boca, cuerpo, ¡todo lo quiero ya!
te amo y quiero que sepas,
vida mía, que eres mi bendición

XCIII

Tú eres la cosa bella
que me da la tranquilidad,
la serenidad, la pasión, la belleza,
también mucha alegría y Paz

XCIV

Tantas y muchas cosas bellas
guardo en mi corazón, todas para ti
que si las dejara salir al mismo tiempo
ninguna de ellas cabría en este mundo

XCV

Necesitaría un universo completo
para poder albergar todo esto
tan bello que siento por ti
amor de la vida

XCVI

Tu amor me ha puesto
el corazón en el sentimiento
más hermoso que quiere hacerte
feliz en todo momento

XCVII

Eres mi vida

y por ser mi vida no logro

controlar mis sentimientos

porque te amo tanto que se me nota

XCVIII

Una sonrisa tuya

puede lograr

lo que el sol no puede

llenar mi corazón de amor

XCIX

Sentimientos buenos y tiernos

son lo que están en mi corazón

están allí nada más ni nada menos

por culpa de tu amor

C

Si… tú eres la culpable

de que yo ande enamorado,

de que ande feliz,

así completamente loquito por ti

El amor en mi vida

"…Oyeee… Eres mi amor hermoso…

Mi amor, tú me tienes locamente enamorada, muy enamorada de ti... Lo feliz que me haces, te pienso y me sonrió y siento muchas ganas de verte, de detener el tiempo cuando estoy junto a ti… Eres el hombre que yo amo, el amor en mi vida, con quien quiero vivir los mejores momentos… y hacer de nuestras vidas feliz. ☐

Mi amor, ¡te amooo muchisimoooooo!, me encanta que me escribas, porque sé que es tu corazón el que me habla. Qué bonito mi vida... Sí que sabes cómo llegarle a este pechito.

Como te ama mi corazón, y te pienso… qué bello es sentir todo ese amor que me das. Mi amorrrrrrrr... usted me conquistó, me enamoró y solo vivo pensando en usted, en su amor... en lo mucho que me hace feliz…

Sí usted es mi dueño, dueño de todo este amor

que llevo en mi pecho... créeme que te amo infinitamente.

Afortunada yo de tenerte a un hombre maravilloso a mi lado... y sobre todo que me ama y m valora como tú lo haces. Sentirme protegida por ti, tus cuidados me gustan mucho, me siento segura.

Que bello amor, nada ni nadie va a dañar lo que siento por ti, que hablen lo que quieran, yo solo sé que te amo y que quiero estar junto a ti... Hay mucho camino por recorrer, muchas cosas que hacer, que decir... Pero en ese camino, ahí iremos juntos los dos tomados de la mano, siendo sincero y demostrando os ese amor tan grande que sentimos... Así que mi amor esta combinación de Yado es para rato... ☐

...Cómo esta ese hombre lindo que ha llenado mi corazón de alegría, de cosas hermosas... Te amo con todo mi corazón, alma y cuerpo... Mi precioso amor... Pues así es, mi amor, sépalo, y si no, pues yo se lo digo: Eres el amor puro y verdadero ☐

...Yo a ti te amo infinitamente, desde lo más profundo de mi corazón... Ahí estas clavado... Si mi vida.... Yo estoy bien, enamorada, con ganas de que llegue sábado para pasar más tiempo juntos, eres el amor mío, el hombre que amo, con quien quiero todo, pero todo... Te amoo. ☐

...Uyyy amorrrr, ¡cómo te amooo!, cómo me haces feliz y leer todo lo que me escribes me hace sentir súper especial... eres el amor mío, el hombre que amo, que se robó mi corazón. Te amo inmensamente... Siempre juntos tu y yo"

Miyaled

Centuria XVIII

Gratitud de amor

"Le doy gracias a Dios por tenerte en mi vida, una mujer tan hermosa que eres tú, también le pido por tu salud para que seas fuerte y puedas recuperarte lo más pronto posible, porque yo te amo ♥

En mi corazón los pensamientos son bonitos, para la mujer más hermosa que ha llegado a mi vida, porque eres la luz que ilumina mi camino, porque mi corazón te ama infinitamente.

♥ Te amo... siempre recuérdalo, porque te lo expreso y lo siento... he de amarte por el resto de mis días, porque así lo quiero, así lo quiere mi corazón, así lo quiere mi cuerpo y mi alma... Te amo, mi vida linda♥

Tú eres la persona que le das aliento y fortaleza a mi vida, para poder lograr todas las metas, porque ha llenado mi corazón de un sentimiento grande y bello... ♥... Porque amarte es el placer de vivir esta vida♥

Por la felicidad que existe entre tú y yo, me has dado las gracias, y yo te digo: que también te las doy a ti, porque te amo inmensamente y al tu existir en mi vida, también ha sido maravilloso.

Yo estoy de acuerdo que ha sido muy bonito compartir todo este tiempo contigo...☐

Yo también quiero que Diosito siga bendiciendo, cada día, cada segundo, este amor para que juntos podamos llegar amándonos a viejitos.

Si yo pongo a latir tu corazón de una manera fuerte, por el hecho de qué me amas, ten presente que al igual me pasa a mí…

Tú también, me haces mucha falta cuando no te veo... eres lo más hermoso de la vida, así como lo soy yo para ti.

Un sentimiento de gratitud, de confianza y amor por todo lo que ha pasado entre nosotros en todo este tiempo que hemos estado juntos... a ti, mi amor, cada día te amo más.

Al igual que tú, mi vida, te amo muchísimo ☐ cada segundo, cada minuto, cada hora, muchísimo más te amo... porque sin ti, definitivamente la vida no es la misma; hace mucho tiempo descubrir que no sé vivir sin ti... quiero vivir contigo siempre, te necesito en mi vida, en toda mi vida.

Te necesito porque eres la mujer que yo esperaba, con un amor inmenso hacia mí, para brindármelo toda la vida... te amo☐ "

Morr

I

Tu amor me hace volar,
me hace sentir maravilloso,
estoy en las nubes
cuando a tu lado me encuentro

II

Te amo de verdad
porque siempre estás
en mi mente
muy clavada aquí en el corazón

III

Bien tragado que yo estoy,
en mi alma tú estás,
mi amor, indiscutiblemente
yo te amo

IV

Porque mil y un razones
tengo para decirte:
que te amo todos los días
y cada uno de los días que vengan

V

Porque tú me haces bien…
porque me haces ser mejor…
porque me amas…
eres mi vida

VI

Me sorprende tanto
que siempre te estoy mirando
y muy callado
te estoy amando

VII

Mirarte a los ojos
y sentir tu amor
es lo que la vida
me ha regalado

VIII

Porque Dios me ha bendecido
poniéndote en mi camino,
poder conocerte y amarte,
y que tú me ames… es maravilloso

IX

Para describir lo que siento
voy a necesitar más de mil
libros de amor a primera sonrisa
tenlo muy presente

X

Lo que soy feliz es...
porque en es nuestro amor
no hay ningún principio ni final
porque yo soy feliz estando contigo

XI

Mi vida linda, eres el amor
que ha llegado alegre,
a quedarse en mi corazón
para hacerlo feliz para siempre

XII

Cuando me dice que me amas
me hace sentir importante
y seguro que los sentimientos
que tenemos son para siempre

XIII

Te amo mucho, mi amor,
me cambias cada día
en forma positiva:
mejora mi salud y feliz

XIV

Me tienes entusiasmado
y muy feliz;
lo que me amas es mucho
que contento estoy

XV

Cada vez que te encuentro
con esa sonrisa,
con ese pelo con esa mirada,
se me transforma la vida

XVI

Me inyecta una energía vital
para seguir viviendo,
la razón es que yo
te amó intensamente

XVII

No quiero dejar de amarte

porque eres la realidad

más bella que existe

en este mundo

XVIII

Por todo te amo,

y te amo por todo;

eres la vida

que deseo vivir

XIX

Dios me ha dado

la oportunidad de hacerte,

muy pero, muy feliz

en todo tiempo y lugar

XX

Eres bella y bendita,

porque nuestro amor

nos lo ha dado la alegría

de ser para ti, y tu eres mi vida

XXI

No soy capaz de controlar
mis sentimientos.
porque te amo tanto
que se desborde mi corazón

XXII

Eres importante para mí…
eres una luz, una bendición
que Dios me ha dado
pata la felicidad encontrar

XXIII

Saber que me amas
me pone contento
hace vibrar y acelera
mi corazón

XXIV

Toda mi vida
te había esperado;
hoy que estás junto a mí
amándonos sin igual

XXV

Hoy que te siento,

mi reina linda,

siento como te amo…

eres la expresión más bella del amor

XXVI

El sentimiento bueno

que siento por ti,

con mi mente y en mi corazón

te doy el amor perfecto y puro

XXVII

Cuando me dice que me amas,

me hace sentir importante

y seguro que los sentimientos

que tenemos son para siempre

XXVIII

Te amo mucho, mi amor,

me cambias, cada día,

en forma positiva y mejora mi salud,

me tienes entusiasmado y muy feliz

XXIX

Cada vez que te encuentro
con esa sonrisa, con ese pelo,
con esa mirada, con ese amor
me transforma la vida mía

XXX

Tu amor y tu ternura
me inyecta una energía vital
para seguir viviendo
feliz a tu lado

XXXI

Cuánto te pienso, cuánto te amo…
ese sentimiento se describe
de la manera más tierna
cuando te beso

XXXII

Que te amo es lo que siento,
gritarlo con es lo que deseo
con todo mi corazón y el alma
para estar a tu lado siempre

XXXIII

Decirlo a los cuatro vientos,

lo voy a hacer;

mi anhelo para hacerte

realmente feliz, amándote

XXXIV

Para que sepas que

lo que más me hace feliz

a mi corazón y a todo mi ser

tu amor inmenso hacia mi

XXXV

Te deseo, mi amor,

con toda la fuerza de mi corazón;

tengo muchas ganas de ti,

de tu piel, de tus ojos ,de tu cuerpo

XXXVI

Necesito estar contigo,

quiero estar contigo,

porque todo este sentimiento

es para ti… todo de amor

XXXVII

Te amo y quiero besarte;
quiero tus caricias
porque todo de ti
me hace mucha falta

XXXVIII

Para amarte sólo existe
una razón y ella es
que tú me ha robado
mi corazón por amor

XXXIX

Tus labios
yo los necesito;
no aguantó las ganas
de besarte toda

XL

De besar tu cuerpo
realmente te deseo…
mi amor, Te deseo,
te deseo fuertemente

XLI

En mi mente está
ese deseo de tu piel,
de tu cuerpo
que no puedo aguantar

XLII

Estoy muy feliz contigo,
mi amor, y te deseo;
te amo, mi vida linda;
te amo, mi cosa bella

XLIII

Ay mi amor, mi vida
mi corazón, mi cosa bella
oye la felicidad la encuentro
tus besos en tu mirada

XLIV

En tu cuerpo,
en tus palabras,
porque en esa mirada
existe el amor para mi

XLV

En nosotros
existe la pasión,
una pasión que me refleja
el más puro y verdadero amor

XLVI

Te amo, mi vida
porque te pienso mucho
en todo momento
quiero estar a tu lado

XLVII

Te tengo presente
aquí dentro de mí,
en mi pensamiento
y en mi pecho

XLVIII

No sabes cómo deseo
estar a tu lado
como te deseo
estar contigo

XLIX

Cómo me haces sentir
supremamente feliz,
en esta vida
llana de alegría

L

Mi pensamiento es para ti,
lo que llevo en mi corazón
también tuyo siempre es,
en mi alma y en mi corazón estás

LI

Te amo, mi vida,
y con todas las fuerzas
de mi corazón alegre
no dudes que te amo

LII

Porque amor te quiero hacer
y te quiero dar todo;
todo momento es muy bonito
para amarte con mis besos

LIII

Tengo tanta dicha
al estar a tu lado
y sólo puedo decir
que el hombre más feliz del mundo

LIV

Soy el hombre más feliz
del universo y del mundo
por culpa tuya
y eso me tiene contento

LV

Soy feliz por la sonrisa la tuya,
la que quiero siempre,
siendo la más bella, hermosa,
tierna, cálida de verdad

LVI

Para observar esa mirada
que puedo recordar siempre,
siempre y por siempre
te amaré

LVII

La felicidad te la quiero dar

de manera completa

y en cada momento de tu vida

para amarte con pasión y ternura

LVIII

Estar contigo,

lo que mejor que me ha pasado

en esta vida

para vivir la felicidad

LIX

Te amo y mi pensamiento

se llena de colores bellos

porque tu estas a mi lado

amándome con mucha alegría

LX

Es grande lo que llevo

en todo mi ser;

sentimiento inmenso

para hacerte feliz

LXI

Cada día es bello
porque tu presencia
lo hace posible
al compartirlo conmigo

LXII

Pero muy feliz me siento
al estar en tu vida
y ser todo para ti
al sonreír, bailar y cantar

LXIII

En tus ocurrencias,
en tus cosas, en tu risa,
en tu tierna y cálida mirada
la vida me la haces feliz

LXIV

La presencia tuya en mi vida
es lo grato para amar
a la mujer más linda
que a mi corazón enamora

LXV

El amor que me das me hace bien,

mucho y tanto

para sonreír en cada momento

de la vida contigo

LXVI

Así que juntos hacia el infinito

llevarte porque te amo

desde lo profundo de mi corazón

el amor es mi aliciente

LXVII

En cada beso, en cada abrazo,

me llevas hasta el cielo

porque todo lo que siento

es para hacerte feliz

LXVIII

Mi corazón quiere hacerte feliz,

que te ama para que vivas

en más bello y puro amor

tuyo y mío, siempre es

LXIX

Me encantas, me gustas,
me fascinas, me tiene fascinado,
me tienes encantado,
me tienes loco de amor

LXX

No puedo apartar mi mirada
de tu cuerpo, ni de desearte,
no puedo apartar mi corazón,
de ti, mujer bella

LXXI

Cada segundo de mi vida
la quiero pasar contigo;
eres la luz de mi vida,
el encanto de mi alma

LXXII

Todas las flores son hermosas
pero muchísimo menos que tú,
que cada palabra de amor
es para ti que sale de mi corazón

LXXIII

La vida es hermosa por tu presencia
en mi vida, y esta vida, mil colores tiene
porque en cada beso y abrazo,
te doy mi corazón

LXXIV

El sentimiento ha nacido
de la manera más tierna posible
porque ya te entrego mi vida
ya eres mi mujer y mi amor

LXXV

Lo que siento dentro de mi pecho
una alegría se asoma
que ya los dos queremos juntos
la más bella personita nacida de los dos

LXXVI

Amarte me alegra la vida;
la vida la paso contento
porque en cada momento
tú estás ahí, con la felicidad

LXXVII

Qué es lo que pasa me pregunto:
mi corazón late fuerte y empiezo a sudar
que estoy enamorado
no hay más que explicar

LXXVIII

En cada instante descubro
la más tierna de Las sonrisas,
la que me brinda mi mujer
la que amo tanto y para toda la vida

LXXIX

He descubierto el amor
eso lo he hecho contigo
y todo lo quiero ser de ti
es todo y tú seas todo para mí

LXXX

Eres el amor mío...
mi mujer y todo en mi vida...
más que mi vida,
eres todo

LXXXI

Eres la mujer,

el amor de toda mi vida entera

que me hace feliz

con su mirar

LXXXII

Me haces mucha falta.

quiero tenerte entre mis brazos,

poder besarte y abrazarte,

poder consentirte y darte todo mi amor

LXXXIII

Lindo es que me ames así...

sentirme tan amado por ti...

porque yo te amo y te correspondo

con un amor inmenso y grande

LXXXIV

Te amo con cada pensamiento,

con cada cosa que hago,

con cada respiración, con todo

yo te amo

LXXXV

Muy bien sabes
que contigo lo quiero todo.
eso significa que eres mi amor,
que eres la luz de mi corazón

LXXXVI

La persona con quien
quiero pasar el resto
de mi vida amándola
eres tu

LXXXVII

La mujer que quiero hacer feliz,
entregarle toda mi vida,
darle toda mi pasión,
con besos y abrazos

LXXXVIII

Los días, yo compartir,
contigo quiero;
porque tú has de sonreír
y los dos seremos felices

LXXXIX

La luz que me ilumina

eso eres tú,

la mujer que me da su amor,

el más bello y verdadero

XC

Toda la vida te la doy

en mis besos y mis caricias

porque para ti es todo

lo que dentro llevo dentro de mi

XCI

Amor lo que siento

aquí dentro de mi pecho

porque te doy mi amor

en cada momento de la vida

XCII

Toda la vida te la doy

para amarte y sentir

dentro de mi

este grande amor

XCIII

Me haces falta,
te pienso y te necesito
como al sol de la mañana,
como a mi primer café

XCIV

Cada día el amor crece
y lo mejor es que a tu lado estoy
siempre enamorado,
siempre amándote

XCV

Mi corazón quiere Amarte siempre,
y que Dios me dé la oportunidad
de tener, en todo momento,
tu corazón bien enamorado

XCVI

Cada minuto a tu lado
es tan especial
que nunca quiero separarme de ti
porque de ti estoy enamorado

XCVII

Eres la mujer maravillosa,

la mujer que amo la

que llena mi corazón

de cosas tan bonitas

XCVIII

Mis sentimientos, todos,

los que llevo en mi corazón

para darte la felicidad

en un mundo de besos y abrazos

XCIX

A tu lado estoy

lleno de amor

y he de seguir a tu lado

hasta viejitos contigo siempre

C

Me haces muchísima falta

tu presencia, tus besos, tus caricias

porque de ti soy completamente

por el amor que llevo dentro

Haciéndote feliz

"…Saber que la he hecho la mujer más feliz, que me piensas mucho, que me extrañas, que me llevas dentro de ese pechito, que me amas… es extraordinario.

Con todo el sentimiento de amor para ti, porque me has hecho feliz, me has dado vida, por ser como eres, por amarme tanto… te amo, te amo mucho. Nuestro amor brota por los poros y se ha convertido en algo inevitable, imparable y maravilloso.

Gracias, mi amor, por tanta felicidad, junto a ti la vida es más bella, el mundo sonríe y mi corazón canta de alegría. Todo este tiempo de danos amor, cariño, comprensión, de dialogo, sentido de compañerismo, y además de muchísimas cosas bellas y hermosas, me has hecho feliz

Has cambiado mi vida, soy un hombre un mejor, un hombre lleno de alegría en el corazón que tú lo has puesto ahí… sí tú… tú lo has puesto, a llenado mi alma de bellos momentos; me has dado la confianza para creer en mí mismo, para ser mejor persona para ti.

En mi corazón están todos esos bellos momentos… recordando lo que he compartido contigo. Parecen toda una vida. Todos esos recuerdos, todas esas cosas bellas que hemos vivido; tu amor me hace mucho bien, lo sabes… te amo y tú muy bien lo sabes… te quiero para mí.

Sí, me doy cuenta que el amor que nos sentimos irradia a todos en todas las direcciones y todo el mundo lo ve y lo sabe que el amor que sentimos los dos es un amor grande.

Te amo mucho; eres lo mejor de mi vida… Gracias a tu cariño, a tu amor y a tus atenciones, he descubierto que eres una mujer maravillosa, linda y preciosa.

Me encanta tu sonrisa. Cómo caminas, tus gestos, tu boca, tus ojos… te amo… ten por seguro que quiero estar siempre a tu lado. Te quiero para mí y ser tu amor para siempre y que cada día me despierte y que me acompañe tu sonrisa al abrir mis ojos.

Gracias por tu paciencia y por tu comprensión… todo tuyo y porque te amo…"

Morr

Centuria
XIX

Corazones alegres

Lleno de mucha bendición de Dios son los muy buenos días que se reciben, porque desde el día en que se besaron se convirtieron en parte importante de sus vidas.

Darse un abrazo es la felicidad, los hace sentir felices. Cada uno tiene la necesidad de caricias, se extrañan, se piensan y viven pendiente del otro… se demuestran un mi sentimiento es grande; se aman.

En sus mentes guardan los bellos recuerdos de lo que han hecho juntos. Se sienten contentos, son el amor y se dan el corazón y mente y todo de sí.

Una alegría alimentada por ser la luz que estimula a sus corazones a tener un sentimiento fuerte hacia el amor, para sentirte dentro del otro, y sobre todo, para amarse siempre♥.

I

Vida linda, ver tu sonrisa
tan hermosa y tierna
es lo que hace sentir
la emoción más grande

II

Sentir mi corazón
que te ama mucho, vida linda,
con estar a tu lado
lo mantiene feliz

III

Tener tu amor
y vivir la vida contigo
es tenerte para siempre,
los dos muy enamorados

IV

Me haces muy feliz,
mucho y mucho en verdad;
tú amor me trasforma
te lo aseguro

V

Me haces muy feliz,
te doy mi corazón;
mi alma entera es
completamente tuya

VI

Te lo digo no tengo que pensar
en que estar a tu lado
porque Sencillamente
lo quiero y lo deseo, mi amor

VII

Estar a tu lado,
no hay ni siquiera que pensarlo
porque quiero que seas la musa
que saque lo mejor de mí

VIII

También quiero que seas mi amor,
que me des la vida,
que sea mi mujer y me des la pasión que
seas todo para mi

IX

Que me des tus besos,

que me des tus abrazos,

que tu seas todo

lo que una mujer puede ser

X

Todo mi ser,

toda mi alma,

todo mi corazón

reclama tu presencia

XI

Es evidente que quiero

estar a tu lado,

que quiero compartir contigo

ser parte de tu vida en definitiva

XII

Quiero compartir muchísimas cosas

contigo porque te amo;

y no puedo negar

que me haces falta

XIII

Quiero verte en cada momento,
en cada minuto
ya que lo que deseo
es ver tu sonrisa

XIV

Extraño tu rostro,
extraño tu caminado, tus gestos,
tu olor y cada una de esas cosas
que me tienen enamorado

XV

Ten en cuenta que
los motivos de mi corazón
para amarte son los que deben ser,
estoy locamente enamorado de ti

XVI

Sencillamente tú lo Haz inspirado
y Dios lo ha bendecido,
nos ha puesto en el camino,
para que nos amemos

XVII

Porque los dos nos merecemos
este amor, el uno para el otro,
tú para mí yo para ti,
juntos hacia el infinito

XVIII

Te necesito y te pienso
tener todos los motivos
para querer siempre estar
junto a ti porque yo te amo

XIX

La bendición que Dios me ha dado
es tu presencia en mi vida
porque toda la soledad que albergaba
mi corazón, tú me la has quitado

XX

Con un amor, con una comprensión,
con respeto, ternura y pasión
tu me has dado una bella, alegre
y nueva vida

XXI

La experiencia más bella
es de tenerte en mi vida
que ha desaparecido en mi existencia
la soledad que siempre yo tenía

XXII

Para hacerme el hombre
más contento del mundo,
por el amor que me tienes,
tu lo has logrado

XXIII

Eres el amor que siempre había esperado,
que no tenía idea que me iba a llegar
pero al fin llegaste
toda Llena de amor

XXIV

Todos los momentos que he vivido contigo
he de llevarlos en mi memoria
porque te siento, cada vez más,
en mi pensamiento y en todo mi ser

XXV

Siempre quiero, mi amor,

estar a tu lado,

mi corazón es tuyo

y siempre pienso en ti

XXVI

Quiero decirte… de una y mil maneras

como he de amarte, como he de sentir

este sentimiento tan grande

que siento por ti♥

XXVII

Te amo, Mi vida linda

y mucho me falta tu amor,

presencia, cariño y tus cuidados

porque, yo sin ti, no soy nada

XXVIII

Te amo♥ mi vida,

tú eres la mujer

que me haces feliz

en todo momento

XXIX

Pienso en ti, mi amor,
y quiero descansar
y dormir soñando
contigo mi vida, siempre

XXX

Cada mañana que me levanto,
tú estás allí en mi corazón,
dándome la fuerza para ser tu amor
y para ser tu marido... te amo

XXXI

Las palabras son cortas
para expresarte lo que siento dentro de mí,
porque Amor puro y verdadero
es el sentimiento que tengo para ti

XXXII

Cada palabra que sale
de Mi corazón es de amor para ti...
te amo, te amo, te amo...
te lo digo y lo reconozco...

XXXIII

Amor de mi vida...

tú mi vida linda,

la cosa bella

eres tú mi vida

XXXIV

Qué lindo mi amor…

sí yo necesito estar en tu corazón,

porque definitivamente estoy

muy enamorado de ti

XXXV

Te amo mucho,

quiero siempre estar en tu corazón,

quiero que siempre estés enamorada de mí,

para amarte respetarte y para hacerte feliz

XXXVI

Eres parte de mi vida,

y que sigas siendo parte de ella,

sin que nadie intervenga,

para nuestra felicidad completa

XXXVII

Porque cada minuto que pasó a tu lado
es una gran bendición que llega mi vida,
por la tranquilidad y la paz que tú me generas...
te amo, tenlo presente

XXXVIII

Mis sentimientos son verdaderos,
porque lo que siento
en mi corazón y alma
es intenso y puro

XXXIX

Amor de mi vida,
la verdad tengo que decirte,
cuando no estoy a tu lado
más te extraño...

XL

Siento un amor
muy grande por ti,
no te imaginas cuánto
es lo que te amo

XLI

Bendito sea Dios
por regalarme tu amor
y está relación tan bonita
que tenemos los dos

XLII

Yo mismo me sorprendo,
qué cosa hermosa
la que existe entre los dos
es amor verdadero

XLIII

Soñar contigo lo hermoso es
porque todos lo sentido es amor,
cosa maravillosa es aquello
que siento por ti

XLIV

Dentro de mí el sentimiento,
el corazón que late muy fuerte
por sentir lo que siente
puro amor por ti

XLV

Eres la dueña
tanto de mí besos
como de mi corazón,
por no poder vivir sin ti

XLVI

Lo que necesito para ser feliz
es tenerte siempre a mi lado,
es contar con tu presencia,
con tus caricias, con tus besos

XLVII

La felicidad tú la tienes,
cuando sueño contigo
y la alegría de estar conmigo
siempre se refleja en tu sonrisa

XLVIII

Que ya no puedo vivir sin ti,
de eso no hay discusión,
y yo moriría, seguramente,
si estoy sin ti

XLIX

Qué es lo que te puede decir

mi corazón enamorado de ti;

que tú, lo más grande eres,

pero también lo hermoso que él ama

L

Todo de ti,

me hace falta

sobre todo, tu mirada

la que amo tanto

LI

Este amor inmenso

y tan grande que siento

en todo mi ser

nada más ni nada menos es tuyo

LII

Soy tuyo… y de ahí andar

detrás de ti

en todo tiempo

y en todo lugar

LIII

Así como sale el sol en las mañanas,
así yo necesito tus besos,
para que el buen día me cobije
con el amor intenso tuyo

LIV

Eres más deliciosa
que cualquier brisa suave
que acaricia el rostro
con todo el amor que me brindas

LV

Se identifica mis frases,
con el amor que te expreso,
del sentimiento de amor
tan grande infinito que te tengo

LVI

Lo que amo hacer tu amor
porque lo que siento en el alma
no se puede describir
tan sólo, sentir y besarte tanto

LVII

La mujer linda eres tú;
tú la que llevo
aquí dentro del pecho
y de mi corazón

LVIII

Un lugar importante
en mi vida tú ocupas,
porque te tengo amor en la vida
y todo es hermoso por eso

LIX

Plenamente yo te amo,
ten presente todo eso,
porque todo lo que ha pasado
es tanto bueno y bello para los dos

LX

Me ha gustado
como me has cambiado la vida,
con pequeñas cosas y
con el amor que llevamos dentro

LXI

Cuando estamos juntos,
lo mágico aparece,
porque las canciones más alegres
es que suenan

LXII

Para decirte que te amo,
me basta con cada latido
de Mi Corazón alegre
y muy enamorado

LXIII

Todo tuyo Soy, en el alma
yo te llevo abrazada
con el amor más grande
que puede existir

LXIV

Te extraño
y no puedo estar lejos de ti,
no sé cuánto tiempo aguantaré,
estar un minuto más lejos de ti

LXV

Solamente en mi corazón

te encuentro

cuando te busco

por todas partes

LXVI

Tu sonrisa

más que belleza,

me da la ternura

para poderte amar

LXVII

La tranquilidad

y las cosas bonitas,

yo las encuentro

en el amor que me das

LXVIII

El corazón

se me llena de emoción,

al saber que yo he llenado

el vacío que tú tenías dentro de ti

LXIX

Yo estoy tranquilo
aunque llegue la noche
porque siempre tú
estás a mi lado, dándome el amor

LXX

En el mundo, yo no sabía
para dónde ir, porque perdido estaba
y al tener tu amor
encontré, por fin, el timón

LXXI

Al darme la mujer
más dulce y hermosa
creo entonces,
que existe Dios

LXXII

Cada tiempo y cada instante
es importante porque a tu lado
siempre estaré amándote
y dándote mis besos

LXXIII

El amor que quería

tener en esta vida,

lo buscaba tanto,

lo he encontrado contigo

LXXIV

La realidad

es más bonita

porque, muy alegre,

estoy enamorado de ti

LXXV

Sorprendido muy estoy

de la manera en que crece

mi sentimiento,

en el pecho ya no me cabe

LXXVI

Con todo quiero hacerte feliz,

la intención la tengo

es un mandato de mi corazón

que siempre deseo cumplir

LXXVII

Porque sabes que necesito
tu mirada, tu pelo, tus caricias,
tus besos, tu presencia,
todo de ti, lo necesito

LXXVIII

Porque estar a tu lado
me hace mucha falta;
no te creas, qué cosa,
no dejo de pensar en ti

LXXIX

Necesito todo de ti, mi amor,
necesito darte muchos abrazos,
quiero por el resto de mis días
unido a ti en este bello amor

LXXX

Amarte, para poder estar tranquilo
y poder calmar este corazón,
que no sabe qué hacer
cuando no está junto a ti

LXXXI

Estoy desesperado por verte,

por tocarte, por sentirte,

por escuchar tus palabras

y sentir tus sentimientos

LXXXII

La alegría que me das,

en cada pensamiento que llega a mí,

todas estas cosas que hago

son manifestaciones de nuestro amor

LXXXIII

Con sentimiento vivo

por el amor que te tengo

ya quiero el fruto

de nuestro amor grande

LXXXIV

Te gusta mi sonrisa, buscarla;

te gusta mis versos, léelos;

te gusta mis abrazos, tenlos siempre,

necesita mi amor, tómalo que es tuyo

LXXXV

Busca y toma todo de mí
porque son todos tuyos,
en el amor te los di
con la alegría y la emoción

LXXXVI

Te amo y lo siento
aquí en mi pecho,
es bastante y hermoso
el amarte tanto

LXXXVII

Bendito por Dios este amor,
porque él nos permitió
amarnos de esta bella manera
y disfrutar de una cálida felicidad

LXXXVIII

Tranquilo tengo el corazón,
porque en tus manos está,
porque tú lo sabes amar
y hacerme feliz

LXXXIX

El sentimiento bonito lo tengo contigo,
el amor verdadero es lo que te doy,
porque la idea es pasar
junto a ti el resto de mi vida

XC

Lo que me pasa a mí,
al no estar a tu lado
los motivos tengo para buscarte,
para decirte... Te amo

XCI

Tus cálidos besos
son el alimento de mi vida,
porque De ti enamorado está mi corazón,
completamente de ti yo soy

XCII

Por amarte a ti
la felicidad me llena
completamente a mí
para alegrar un corazón

XCIII

Los momentos son para disfrutar

para darte el amor, para eso nací,

porque dentro de mí tú habitas

y nadie te podrá sacar

XCIV

Nos parecemos mucho en la forma de pensar,

nuestros objetivos son los mismos,

y con el amor que nos tenemos

seguir adelante y a triunfar la vida

XCV

Saber que estás para mí

lo único que me importa

porque contigo quiero ser feliz

juntos hacia el infinito

XCVI

Lo más bello eres tú,

comparación no hay

porque el amor que siento por ti

es lo que me llena mi corazón de alegría

XCVII

Mi alegría
eres tú, vida mía;
sin ti yo me perdería
mejor nos amamos y ya

XCVIII

Tu rostro me enamora,
me emociono contigo;
de eso estoy seguro
la felicidad, nos daremos

XCIX

Tu eres esa mujer,
que está conmigo
y me hace estremecer,
la que amo con todo mi ser

C

Pensando en ti me vienen
sentimientos muy buenos,
al igual que las ideas,
todo porque de ti enamorado

Maravillosa la mañana

Las mañanas son maravillosas porque pueden ver sus rostros llenos de amor, y escuchar sus palabras que expresan sentimientos.

Sentir su aliento, ver su sonrisa y poder abrazarse y tener todo es simplemente espectacular. Se encuentran enamorados y fascinados por el sentimiento que les cubre, felices y contentos de tener un amor lindo y bello.

Un amor de sentimientos incontrolables... donde cada uno es una amorzote para el otro. Una conspiración divina de haberse cruzado en el camino para hacerse felices.

De sentir la delicia saber que están loquitos por ese amor, que el sentimiento es de puro amor y que se hacen falta cada vez que no están juntos.

Levantarse cada mañana con ganas de sentir su piel, de amarse, con ganas de besarse, con ganas de decir "amor, te amo"

Centuria XX

Primavera de amor

El deseo de estar abrasados, de amarse tanto, de experimentar la primavera del amor, en una inspiración de sentimientos. De hallarse y de sentirse espléndidamente al amarse de esa manara.

Un sol radiante y un mundo de mil y un colores, les hace sentir que el mismo Dios ha cruzados sus caminos, que los ha bendecido con su amor para apartar la soledad de sus corazones.

Rico es amarse de la manera en que se aman, de una manera entusiasta y amena que contagia a todo los demás, que originan los pensamientos de querer estar toda la vida juntos, estar viejitos amándose y ser todo para el otro.

Emocionados están sus corazones por estar juntos en el amor, por hacer parte de una vida alegre, ser el uno para el otro la alegría, lo que esperaban, lo que anhelaban, ser todo eso y mucho más.

I

Te amo desde el momento en que te conocí
eres mi vida entera
te siento muy adentro
y eres la pasión viva de mi ser

II

Explicar lo que siento no puedo
pero es un sentimiento grande
que me motiva y me hace ser cosas tan lindas
y todo esto porque yo te amo

III

Te amo porque te pienso
y te pienso porque te amo;
la distancia, aunque sea corta,
hace que me hagas mucha falta

IV

Todo momento es especial
porque yo contigo estoy,
no podría dejarte jamás
porque te amo infinitamente

V

Los motivos para amarte
ya los tengo;
muy hermosos son,
lo que nacen del corazón

VI

Tanto tiempo te buscado
y mírate cómo te encontré;
has llenado mi corazón
del más bello amor

VII

Te amo tanto, tanto y tanto
que mi corazón se alegra al verte
tengo tantos deseos de ti
siempre tenerte entre mis brazos

VIII

Caminando en el camino no sabía dónde ir
pero de repente me encontré contigo;
enseguida El corazón alegré
con un montón de besos tuyos Y tu amor

IX

Qué cosa maravillosa Es tu amor

y me motiva a seguir adelante;

también a mirar el mundo de manera feliz,

más bien, Por ello junto a ti siempre quiero estar

X

La ricura, eso tú eres;

contemplación total te tengo;

soy tuyo y tú lo sabes,

desde aquí hasta el infinito

XI

Tengo el corazón Ardiendo

de la pasión por ti;

ven Acércate, que te voy a dar un beso

y sé que jamás vas a olvidar

XII

Cantarte mil canciones

y una más para amarte;

para bailar, felices los dos

por el resto de la vida

XIII

Cómo te amo vida mía,
cómo te extraño en cada momento;
tengo el corazón para ti solita
ven, Qué es todo tuyo, mi amor

XIV

Tus besos me enamoran,
tus abrazos me enloquecen;
todo tu cuerpo lo deseo
para todas las noches de mi vida

XV

Rico pensar en ti,
teniendo el corazón así,
cómo crees que no he de amarte
si todo mi ser es tuyo

XVI

Acariciarte, el deseo que tengo
porque sembrado está tu amor en mi corazón
mil y un razones para amarte,
lo que quiero es verte sonreír

XVII

Tenerte es una bendición
porque eres maravillosa;
la verdad, lo que siento es inmenso
ya haces parte de mi corazón

XVIII

Tenerte cerca, siempre quiero
tengo mi corazón dispuesto,
y entregarte a ti todo mi amor,
de seguro estaremos viejitos juntos

XIX

La vida es hermosa,
más ahora que estoy a tu lado,
disfrutando de tu amor bello
y de tus cálidos besos

XX

Qué emoción tan grande la que siento,
una y otra vez, para yo amarte;
tengo el corazón dispuesto
a quedarme siempre contigo

XXI

Qué bonito es el amor

cuando se siente de esta manera;

la felicidad nos embarga

una y otra vez cuando estamos juntos

XXII

Me siento en la gloria

cada vez que te beso,

y en tus brazos encuentro

la paz que nunca tuve

XXIII

Simplemente decirte… yo te amo,

qué me haces mucha falta,

que pienso mucho en ti

mi corazón es tuyo, quiero hacerte feliz

XXIV

La vida es completa

cuando a tu lado estoy;

mira qué tan bonita es,

cuando La compartimos totalmente

XXV

Tantos deseos de ti...

tengo que decirte lo que yo siento:

es grande y valeroso,

el amor que llevo dentro de mi ser

XXVI

Caminar contigo Unidos de las manos,

me hace sentir muy bien, feliz y contento;

ten en cuenta que estoy completamente enamorado

y que yo necesito tu amor

XXVII

La verdad yo te digo:

mi corazón se siente feliz

porque está muy enamorado de ti

y al sentirse completamente correspondido

XXVIII

La felicidad eres tú,

una y mil veces yo lo confieso:

que el amor que nos tenemos,

es puro Y verdadero

XXIX

Rico y hermoso es nuestro amor,

te llevo dentro de mí;

me tienes contento y feliz,

por la manera como respondes a mi amor

XXX

Cada cosa nueva que encuentro en ti,

lo encuentro maravillosa;

me lleno de sentimientos

porque eres mi mujer linda y bella

XXXI

La Dulce piña no se compara

con lo tierno de tus besos;

lo que me enamora cada día,

porque te siento en mi corazón

XXXII

Cada día y cada mañana

en mi pensamiento Siempre estás tú;

el amor de mi vida te has convertido

para alegrarme la vida mía

XXXIII

Pensando y pensando,

todo lo bonito que tú eres;

me concentro para mirarte

y notar que estoy enamorado de ti

XXXIV

Quisiera decirte muchas cosas…

cosas que llevo dentro de mi corazón,

todas bonitas y sencillas

porque te quiero dar mi amor

XXXV

Cuánto sentimiento tengo hacia ti,

algo maravilloso e indescriptible;

todo lo que me está pasando

es muy bueno por tu amor

XXXVI

Las esperanzas las había perdido,

pero llegaste a mi vida,

para llenar mi corazón

y dejar el vacío atrás

XXXVII

La vida sonríe
porque tú estás a mi lado,
porque tengo tu amor
y quiero hacerte feliz

XXXVIII

Te veo y tengo ganas de besar;
es maravilloso sentir lo que siento,
no quiero que ningún momento
alejarme yo de ti

XXXIX

Todo de ti me gusta
y acariciarte es tocar el universo;
estar junto a ti con las estrellas
para darte el amor Más allá del infinito

XL

El sentimiento ha crecido
nació bien hermoso,
sintiendo todo este amor
me arrodillo ante ti

XLI

Te extraño mucho, vida mía;

las cosas son maravillosas a tu lado,

no sabes cómo te extrañado

y hace un minuto que no te veo

XLII

Paz y tranquilidad me das

y teniendo el corazón dispuesto

a darte lo maravilloso de mi vida,

en todo momento y lugar

XLIII

La ricura mía, tú eres;

sin duda alguna yo te amo…

tienes que pensar en todo lo que yo siento

porque yo soy un hombre que te necesita

XLIV

Todo lo que soy,

es para amarte,

para sentir tu cuerpo

en todo momento de mi vida

XLV

Quiero que sepas que te amo
con un corazón humilde,
que quiere darte la felicidad
en todos los momentos de la vida

XLVI

Pasar el tiempo contigo es maravilloso,
inigualable es tu belleza;
si tengo frío me das el calor
y tú amor nunca me hace falta

XLVII

Tu sonrisa siempre está para mí
porque el amor me entregas tú;
yo siendo el hombre más enamorado
con un corazón con arrebatos hacia ti

XLVIII

La vida nuevamente sonríe,
el nuevo amor ha nacido
fuerte y fortalecido
para llevarnos hacia la felicidad

XLIX

Tengo el corazón muy contento,
por Las cosas más bonitas que me das;
amarte, Amarte más y más
es lo que me propongo en esta vida

L

Rico son tus abrazos
y sentir tu amor aquí en mi pecho;
si te fijas todo lo que he hecho
es Por amarte, mi vida

LI

Alegría siento en todo mi ser
porque caminamos juntos hacia el amor
muy tomaditos de la mano
de un amor puro Y verdadero

LII

Todo el tiempo yo te amo
y tu sonrisa Me enamora,
tengo tantos deseos de verte
por la falta que me haces

LIII

Lo bonita que eres, me tiene pensando

y muy enamorado de ti

plenamente consciente de tu amor

te lo doy mi corazón

LIV

Muchas veces te miro

y noto el gran amor que existe

el más puro y verdadero

el que los dos disfrutamos

LV

Todas y cada una

de esas cosas que llevo

en mi corazón

son para amarte más

LVI

¡que maravillosa!

¡son espectaculares!

tus demostraciones de amor

que me hacen ser feliz

LVII

Que me hace sonreír

y me hacen amarte plenamente,

son todas las cosas que pasan

a nuestro lado

LVIII

Por estar enamorado de ti,

es bueno, es puro

todo lo que siento

muy adentro de mi corazón

LIX

Indescriptible este sentimiento,

el cual me ha generado

con un amor infinito

para yo amarte, mi vida linda

LX

¿Quién sabe si es peligroso

lo que yo siento en mi corazón?,

ese Torbellino de Sentimientos de amor

me hace pensar que es lo mejor de mi vida

LXI

Han pasado, entre nosotros,
cosas bellas,
cada una de ellas
me motiva a vivir

LXII

A mi vida llegaste tú,
a lo bueno darme,
dándome tu amor
para conducirme a la felicidad

LXIII

Cómo quiero besarte,
cómo quiero estar en tu compañía,
cómo quiero darte mi vida
en todo momento y siempre

LXIV

La sonrisa de la vida
hace que tenga mil colores
y uno más hace, el amor
que te doy Sin condiciones

LXV

Crece más y más,
cada día, este amor por ti;
eso te lo asegura
mi corazón muy enamorado

LXVI

Tengo la calidez del Sol
y la energía de la vida
tan simplemente
al darte un abrazo

LXVII

Mi corazón te ama
en cada minuto, en cada instante,
porque está vinculado a ti
en un amor grande e invencible

LXVIII

Porque te amo, mi vida,
todo lo mío es tuyo
porque soy un hombre enamorado
de ti, completamente de ti

LXIX

De ti, vida mía, tengo muchas ganas
arde el corazón con los deseos
de verte cada minuto de mi vida
para entregarte mi amor

LXX

Lo que siento es un amor lindo,
que mi corazón le gusta sentir
porque, con ello, al fin,
puede ser feliz

LXXI

Con la sencillez
y con el corazón dispuesto
yo te amo, porque lo que sale
de Mi corazón es amor para darte

LXXII

La sonrisa tuya
es la que amo;
la que quiero sentir
el resto de mis días

LXXIII

Me das el calor tierno

cuando tengo frío,

con un abrazo

y mostrándome todo tu amor

LXXIV

Un te amo,

es todo lo que necesito

para ya no sentir más frío

y entregártelo todo

LXXV

Te voy a entregar todo de mí

y todo de mí,

así lo he decidido

amarte hasta el infinito

LXXVI

Puedo amarte

cada día más;

por ti, en todo momento,

a tu lado quiero estar

LXXVII

Eres la alegría
de mi vida, de todo mi ser,
junto a tu cuerpo tengo
la pasión y la felicidad

LXXVIII

El sentimiento que tengo en el corazón
es para ti, mi vida linda,
porque te entrego en cada uno de mis besos,
porque Amor es lo que yo siento

LXXIX

Todo lo bonito que nace de mi corazón
lo tengo guardado aquí en mi pecho,
te lo voy dando cada día
para que sea más bonito cada amanecer

LXXX

La vida juntos es maravillosa,
quiero dártela por completo
porque de ti estoy enamorado
en cada célula de mi cuerpo

LXXXI

Los sentimientos son bien grandes

lo que tengo yo aquí guardado

porque para ti es el amor que tengo;

lo que siento es inigualable

LXXXII

La vida alegre es cada día,

hermosa la mañana es,

cuando tú estás a mi lado

para compartir el tinto del buen amor

LXXXIII

Se desespera mi corazón al no verte,

tiembla de emoción cuando te veo...

en mis brazos te quiero tener siempre,

y un fuerte abrazo Te doy para no soltarte

LXXXIV

Cada minuto de mi vida

contigo lo quiero compartir;

así es parte de mi corazón

y lo motivas a seguir adelante

LXXXV

Qué me pasa... Sencillamente
lo que ocurres que estoy enamorado
de la mujer más hermosa y bella
que Diosito ha creado

LXXXVI

Muchas cosas bellas expresa mi corazón
porque el sentimiento para ti es grande;
no sé cómo poder vivir sin ti,
ni un solo instante me quiero separar

LXXXVII

Rico y muy rico es el amor contigo
alegra mi corazón y pone a bailar mi alma
llenas de alegría toda mi vida
porque sé bien que me amas

LXXXVIII

Hay alegría en mi corazón
porque te amo de verdad;
yo no te puedo negar
y locamente vivo por ti

LXXXIX

Todo es maravilloso y bello,
cuando tú estás a mi lado
y más feliz se pone la vida,
cuando nos estamos amando

XC

Tu cuerpo me fascina,
tu sonrisa me llega hasta el alma;
me siento muy bien a tu lado,
que allí siempre estaré

XCI

Eres el amor que necesitaba,
eres el amor que esperaba,
eres el amor en el que vivo
en plena felicidad

XCII

Te amo desde los pies hasta el cabello,
como un sentimiento grato y hermoso
y me deja pasmado en tu regazo,
siendo muy feliz a tu lado

XCIII

Mi corazón encontró lo que necesitaba,

ya tiene lo que quería,

ya no más lo que tiene que hacer

es amarte por siempre

XCIV

Como me haces falta, mi amor,

sin ti, me hace falta algo,

ese algo es lo más maravilloso,

en la vida tengo… tu amor

XCV

Cómo te pienso... cómo te amo...

las sensaciones son maravillosas,

más que buenas, son espectaculares,

que llenan todo mi ser de alegría indescriptible

XCVI

Quiero tenerte por siempre,

y por eso Lucharé,

te enamorare todos los días,

y te daré mi amor en cada minuto

XCVII

Tú sabes realmente lo que quiero:
contigo lo quiero todo;
por ello pongo todo mi empeño
en hacerte feliz en cada momento

XCVIII

Qué feliz me siento,
feliz yo soy, ¡que viva el amor!
nuestro amor sobre todo,
para amarnos hasta el infinito

XCIX

Todo esto que yo siento
en lo más bendecido que existe,
quiero llenarte toda de pasión,
para que toquen los cielos con mis besos

C

Te he encontrado
y contigo, El amor verdadero;
lo que mi vida necesitaba,
y lo que mi corazón esperaba

Amor a primera sonrisa. Volumen 2. Centuria XX

CI

Dios quiso que te encontrará ahora
para que acabaras con mi soledad
para compartir contigo la vida bella
y todos los momentos de felicidad

Pensamientos de amor

Para Morr, ella le hace sentir muy bien, es hermosa, es linda… él la amo mucho y todo mi corazón es suyo, ella lo sabe… ella es una flor muy bella, más que un río cristalino azul, más bella, más que una montaña de imponente hermosura.

Miyaled piensa en sus cálidos besos, que es un papacito, que se siente protegida, tranquila y muy feliz. Lo ama muchísimo por sentirse valorada y amada de esa manera tan especial, que se siente sin aire cuando está lejos o no sabe de él.

Un amor que los tiene pensando, enamorados, felices y contentos. Disfrutando de una alegría propia de disfrutar lo más lindo de esta vida: el amor puro y verdadero.

Para cado uno, es el amor de su vida.... y se preguntan cómo encontrarían el amor de su vida... que sería tan lindo, tan precioso... el amor de mi vida: una persona cálida y de bellos sentimientos.

Autor

Dougglas Hurtado Carmona: Nacido en la noche buena del año 1971. Desde muy temprana edad, se distinguió por su destreza al expresar las emociones por medio de la poesía y por las letras.

Este mil y un versos, plasmados en Centurias, del segundo Volumen (Libros VI, V y VI) de *Amor a primera sonrisa*, se idealizaron y se construyeron, isitando –cómo él señala– múltiples universos paralelos para alcanzar la inspiración necesaria e ineludible para sentir, en sus propias ropas, todo y cada uno los sentimientos que son expresados en cada poema.

Es Ingeniero de Sistemas de profesión, con una Maestría en esta misma área del saber, egresado de la Universidad del Norte de la ciudad de Barranquilla-Colombia, y Doctor en Gestión de la Innovación.

www.ingramcontent.com/pod-product-compliance
Lightning Source LLC
Chambersburg PA
CBHW071952220426
43662CB00009B/1097